FACULTÉ DE DROIT DE TOULOUSE.

COURS
DE
CODE NAPOLÉON

PROFESSÉ

PAR M. GUSTAVE BRESSOLLES.

SOMMAIRE DU COURS DE DEUXIÈME ANNÉE.

Chez le Concierge de la Faculté de Droit.

NOVEMBRE 1863.

COURS

DE CODE NAPOLÉON

(Deuxième Année).

FACULTÉ DE DROIT DE TOULOUSE

COURS

DE

CODE NAPOLÉON

PROFESSÉ

PAR M. GUSTAVE BRESSOLLES.

SOMMAIRE DU COURS DE DEUXIÈME ANNÉE.

Chez le Concierge de la Faculté de Droit.

NOVEMBRE 1863.

Diverses circonstances nous ayant empêché de publier la seconde édition de notre *Programme de Droit civil français*, dont la première est entièrement épuisée, nous avons cru bien faire en offrant à nos élèves le présent *sommaire* de nos leçons, pour le cours de *seconde* année : en nous dispensant ainsi de le leur dicter, nous ne les avons pourtant pas privés d'un guide, dont ils ont déjà apprécié l'utilité pendant le cours de première année.

G. B.

SOMMAIRE

ET

DIVISIONS PRINCIPALES

DU COURS DE CODE NAPOLÉON

(2e Année).

LIVRE III.

Des différentes manières d'acquérir la propriété, les autres droits réels et les droits de créance.

APERÇU GÉNÉRAL SUR LE CONTENU DU LIVRE III DU CODE NAPOLÉON.
MATIÈRES SPÉCIALES DU COURS DE DEUXIÈME ANNÉE.
ORDRE DANS LEQUEL CES MATIÈRES SERONT ÉTUDIÉES.

DISPOSITIONS GÉNÉRALES.

DES DIVERS MODES D'ACQUISITION ET DE TRANSMISSION DE LA PROPRIÉTÉ.

I. Sens des mots *acquérir* et *transmettre*; double signification du mot *titre d'acquisition*.

II. Notions générales sur les diverses espèces de modes d'acquisition; intérêt pratique de ces distinctions, surtout de la différence entre les successeurs *à titre universel* et les successeurs *à titre particulier*.

III. Effets généraux de la transmission de propriété.

IV. Explication et complément des art. 711 et 712.

V. Détails sur l'acquisition par *occupation*.

1° Examen des art. 713 (comp. à 539) et 714 : droits de *chasse* et de *pêche* : Art. 715, lois du 3 mai 1844 et du 15 avril 1829.

2° Règles concernant l'invention d'un *trésor* : 716.

3° Des choses *égarées* et *perdues* ou *épaves* : 717.

TITRES III ET IV.

DES CONTRATS OU DES OBLIGATIONS CONVENTIONNELLES EN GÉNÉRAL ET DES ENGAGEMENTS QUI SE FORMENT SANS CONVENTIONS.

NOTIONS GÉNÉRALES.

I. Définition de l'*obligation*. Instit. *De obligat. pr.*

II. Règles générales de l'art. 1315, sur la preuve des obligations ou de leur extinction. — Renvoi.

III. Rappel de la différence entre les *droits de créance* et les *droits réels* ; — distinction de l'*obligation* et du simple *devoir moral*.

IV. Distinction générale des *obligations naturelles* et des *obligations civiles*.

V. Division générale de la matière en six chapitres.

CHAPITRE Ier.

Formation ou naissance des obligations.

(Corresp. aux chap. I et II du titre III et à une partie du titre IV).

Voy. L. 1 *ff de obligationibus*, § 2. Inst. de *obligationibus* : art. 1101 et 1370.

SECTION Ire — DE LA CONVENTION *comme source d'obligation* OU DU CONTRAT ET DES ÉLÉMENTS REQUIS POUR SON EXISTENCE ET SA VALIDITÉ.

APERÇUS PRÉLIMINAIRES.

I. Notion de la convention en général : l. 2 § 2, *ff de pactis* ; diversité des conventions l. 2, § 3, *eod.*

II. Notion du contrat proprement dit : 1101 comb. avec 1102 et 711 *in fine*. Ne pas confondre les éléments requis pour l'*existence* ou pour *la validité* d'un contrat.

III. Diverses classes de contrats.

D'après leur but.

D'après la nature et la cause des obligations qui en résultent : voy. 1102, 1103, 1105 et 1106, 1104 et 1964 compar. — Contrats *principaux* et *accessoires* ; ces classifications ne sont pas sans intérêt pratique.

IV. Distinguer, en tout contrat, ce qui est de son *essence*, ce qui est de sa *nature* et ce qui n'y est qu'*accidentel*.

V. En Droit français, les contrats sont tous de bonne foi : 1134, § 2; 1162, § 2.

VI. Perfection des contrats par le seul consentement : 1134, § 1 ; 1138. Voy. cependant ce qui caractérise les contrats *solennels* : 931, 1394, 2127, et les contrats *réels* : 1875, 1892, 1919, 2071.

VII. Des contrats innommés : 1107.

VIII. Division de la section en trois parties.

PREMIÈRE PARTIE.

ÉLÉMENTS ESSENTIELS A L'EXISTENCE D'UN CONTRAT.

Aperçu général et division de la matière.

§ 1. — *De l'objet des obligations conventionnelles.*

I. Notions sur la *matière* d'un contrat et sur l'*objet* de l'obligation ou des obligations qui en résultent : 1108, 1126.

II. *Impossibilium nulla est obligatio* : l. 185, *ff de reg. jur.* ; l. 135, § 5 ; *ff de verb. oblig.* : 1601, cod. civ.

III. Qualités que doit avoir l'*objet* de la prestation promise.

1° Des choses hors du commerce.

2° Utilité pour le créancier de la prestation promise ;—des choses *futures* : 1130, §§ 1 et 2.

3° Désignation de la chose promise. Voy. 1129.

4° Des faits et abstentions promises.

IV. Sanction de ces règles.

§ 2. — *De la* cause *des obligations conventionnelles.*

Aperçus généraux sur cette matière importante.

1° Différence entre le *motif* du contrat et la *cause* des obligations qui en résultent.

2° En quoi consiste *la cause* des obligations conventionnelles.

3° La cause doit être non seulement *réelle*, mais *licite* : 1131.

N° 1. — *De l'obligation* sans cause *ou sur une* fausse cause.

I. Comment comprendre une obligation *sans cause?*

II. De l'obligation sur *fausse cause* : 1601, § 1.

N° 2. — *De l'obligation sur une* cause illicite.

I. Quand y a-t-il cause illicite ? 1133.

II. Ce qui en résulte : 1131.

III. Qui peut se prévaloir de l'illégalité de la cause? De la maxime *nemo auditur propriam turpitudinem allegans.*

N° 3. — *Règles concernant la preuve en ces matières.*

Voy. 1315 et 1132 comb.

§ 3. — *Du consentement des parties et de l'accord des volontés.*

I. Du consentement.

1° Nécessité du consentement des parties : éléments qui rentrent dans sa notion.

2° Modes divers de déclaration de la volonté : de l'écriture requise tantôt *ad solemnitatem*, tantôt *ad probationem.*

II. De l'accord des volontés.

Sur quoi il doit porter ; des contrats formés par mandataires ou par correspondance.

DEUXIÈME PARTIE.

ÉLÉMENTS NÉCESSAIRES A LA VALIDITÉ D'UN CONTRAT.

Division du sujet.

§ 1er. — *Intégrité du consentement.*

Vices qui peuvent infecter la volonté ; voy. 1109.

No 1. — *De l'Erreur.*

Diverses espèces d'erreurs à considérer.

I. Erreur de fait.

1° *Erreur à l'occasion de la chose formant la matière de l'obligation de donner* : 1110, § 1 ; de la *substance* de la chose.

2° Erreur à l'*occasion de la personne* : 1110, § 2.

3° *Quid* de l'erreur sur le *motif* du contrat ?

4° De la preuve de l'erreur.

II. De l'erreur de droit.

1° Notion de cette erreur.

2° Sens de la règle *nemo censetur ignorare legem.*

3° Erreur de droit sur le *motif* du contrat ou sur la *cause* de l'obligation. Voy. l. 7, *ff de juris et facti ignor.* ; diverses hypothèses à vérifier.

No 2. — *De la Violence.*

I. De quelle violence il s'agit.

II. De qui la violence doit émaner pour vicier le contrat : 1111 ; l. 9 § 1 : *ff quod metûs causâ.*

III. Envers qui la violence doit avoir été exercée : 1113.

IV. Mesure de la gravité des faits de violence : 1112.

No 3. — *Du Dol.*

I. Quand y a-t-il *dol*, proprement dit ? Voy. l. 1 §§ 2 et 3, *ff de dolo malo.*

II. Distinction du dol *principal* et du dol *incident.*

III. Par qui le dol doit-il avoir été pratiqué, pour opérer? 1116.

IV. De la preuve en cette matière : 1116.

V. La théorie du dol fait-elle double emploi avec celle de l'erreur?

N° 4. — *Effet commun de l'erreur, de la violence et du dol sur les contrats.*

Voy. 1109, 1115 et 1117.

N° 5. — *De la lésion.*

Voy. 1118 comp. à 887, 1674 renvoi.

§ 2. — *Capacité des parties.*

I. Nécessité de la capacité, distincte du consentement : 1108.

II. Présomption générale de capacité : 1123.

III. Cas d'incapacité :

1° Cas spécialement prévus par l'art. 1124;

2° Disposition générale qui termine l'art. 1124. Voy. 492, 513, 450, 1595 à 1597, etc.

IV. Conséquence légale de l'incapacité : 1125.

TROISIÈME PARTIE.

DES STIPULATIONS ET DES PROMESSES POUR AUTRUI.

I. Caractère, en général, personnel des droits et obligation dérivant des contrats. Voy. cep. 724 et 1122.

II. Inutilité de la promesse ou de la stipulation faite pour autrui : 1119 et 1165.

III. Exceptions :

Promesse du fait d'autrui, en se *portant fort* : 1120.

Stipulation au profit d'autrui : 1121. — Détails importants sur cette disposition : Mention de l'art. 1973.

IV. De la représentation d'autrui dans les actes juridiques : aperçus généraux : 1984 et suiv.; 1372 et suiv. Renvoi.

Section II. — Du quasi-contrat comme source d'obligation.

I. Notion générale du quasi-contrat : comparer 1370 §§ 2 et 4 et art. 1371.

II. Fondement des obligations dérivant du quasi-contrat : l. 206, *ff. de reg. juris.*

III. Exemples des principaux quasi-contrats. Renvoi pour les détails.

IV. De la capacité en cette matière.

Section III. — Des délits et des quasi-délits, comme sources d'obligations.

I. Notion spéciale du *délit civil.*

Explication des art. 1382 et 1383.

II. Notion du *quasi-délit.*

III. De la capacité pour s'obliger en cette matière : 1310, 216 Cod. civ. ; 66 Cod. pén.

IV. De la réparation du préjudice causé.

V. De l'*action publique* et de l'*action civile*, lorsque le fait dommageable est en même temps incriminé par la loi pénale : art. 1 et suiv. du Cod. d'instr. crim.

Appendice à la matière des quasi-délits.

De la responsabilité civile comme source d'obligations.

Aperçu général de la matière : art. 1384, § 1.

No 1. — *Responsabilité du dommage causé par d'autres personnes.*

I. Dommages causés par des *enfants* mineurs : 1384, § 2.

II. Dommages causés par des *élèves* ou *apprentis* mineurs : 1384, § 4.

Observation commune aux deux cas précédents : 1384 § ult.

III. Dommages causés par les *préposés ou domestiques* : 1384 § 3.

IV. *Quid* du dommage causé par une *femme mariée*. Voy. l. 15 avril 1829, art. 74; Cod. forest. 206.

V. Cas spécial prévu par l'art. 1953.

N° 2. — *Responsabilité du dommage causé par des animaux ou même par des choses inanimées.*

I. Dommage causé par des *animaux* : 1385, 1384.
II. Dommage causé par la *ruine d'un bâtiment* : 1386.

N° 3. — *Cas spéciaux de responsabilité.*

Mention de quelques lois fiscales et de celle du 10 vendémiaire an IV.

SECTION IV. — DE LA LOI, CONSIDÉRÉE COMME SOURCE D'OBLIGATIONS.

Explication de l'art. 1370 §§ 2 et 3. Voy. 203, 2279 *in fine*, etc.

CHAPITRE II.

De l'effet des obligations.

(Corresp. au chap. III du tit. III et à la sect. VI du chap. IV).

Division du chapitre en deux parties.

PREMIÈRE PARTIE.

DES EFFETS QUI RÉSULTENT IMMÉDIATEMENT DES OBLIGATIONS ORDINAIRES.

SECTION I. — RÈGLES CONCERNANT LES OBLIGATIONS EN GÉNÉRAL ET INDÉPENDAMMENT DE LEUR OBJET.

§ 1. — *Du lien résultant de toute obligation.*

I. Idée générale de ce lien (inst. *de obligat., ad proœm.*) : art. 1134.
II. Du *droit de contrainte* : son mode d'exercice.
III. Révocation des conventions par dissentiment mutuel : 1134. Voy. cep. 1794, 1865-2°, 2007, 1395. — De la *résolution* conventionnelle ou légale des conventions : 1183, 1134, § 2, 1184, 1654, etc. — Différence entre la résolution *ex nunc* et la résolution *ex tunc*.

Appendice au § 1er.

Courtes notions sur les obligations naturelles et sur leurs effets juridiques.

I. Ce qu'il faut entendre par *obligations naturelles*, par opposition aux *obligations civiles* et même aux simples *devoirs moraux*.

II. Aperçu historique.

III. Sens des mots *obligation naturelle* dans l'art. 1235 par oppos. à l'art. 349. — Effets juridiques attribués par la loi à cette obligation : 1235, 2012 Cod. civ. ; 516 et 604 Cod. com.

IV. Portée légale du simple *devoir moral*.

V. Moyens de discerner les cas d'*obligation naturelle* et de simple *devoir moral*.

VI. Exemples propres à appliquer les règles précédentes : 204, 851, 1125, 1340, 1350, 2220, 1965, 1967.

§ 2. — *Entre quelles personnes le lien obligatoire civil produit-il son effet?*

I. Du lien obligatoire entre les parties originaires elles-mêmes.

II. Du lien entre leurs *héritiers* et *ayants-cause*.

1° Principe général : 1122, 724, 1010, 1013.

2° Il peut y avoir des exceptions à ce principe : 1122 *in fine*.

3° Sens et portée de la règle : *Nemo plus juris ad alium transferre potest quam ipse habet* : elle n'est pas sans exception.

III. Du lien obligatoire à l'égard des tiers : art. 1165. Voy. cep. 1121 Cod. civ., 509, 546 com.

§ 3. — *Règles d'interprétation des dispositions de la loi ou de l'homme, qui engendrent des obligations.*

Voy. 1134, § 3 ; 1135, 1156 et suiv.

SECTION II. — EFFETS SPÉCIAUX DES OBLIGATIONS SELON QU'ELLES ONT POUR OBJET DE DONNER, DE FAIRE OU DE NE PAS FAIRE.

Division de la section.

§ 1. — *Effet des obligations d'après leur objet spécial.*

Art. 1er. — *Des obligations de donner.*

Sens du mot *donner* en cette matière.

N° 1. — *De l'obligation de donner dérivant d'un contrat ayant pour but, la translation d'un droit réel.*

Ce que comprend toute obligation translative de donner.

I. De l'obligation de *donner un corps certain.*

1° Effet translatif de l'obligation.

Théorie rationnelle de la matière ; système du Code civil : 711, 1138, § 1 et 2 ; 1140 et 1141. Voy. 2279.

Filiation historique de ce système ; Droit romain, — ancien Droit français, — législation transitoire : Lois du 19 septembre 1790 et du 11 brumaire an VII. — Modification apportée au système du Code civil, en matière immobilière, par la loi du 23 mars 1855 : art. 1er à 3. — Renvoi.

2° *Livraison de la chose transférée.*

Modes de la délivrance : 1604 et suiv.

3° *Conservation de la chose jusqu'à la livraison.*

Voy. 1136 et 1137. — Renvoi.

II. *De l'obligation translative de donner une chose déterminée seulement quant à son espèce.*

Comment et quand s'opère la translation. *Quid* de l'obligation de conserver la chose?

N° 2. — *De l'obligation de donner ne dérivant pas d'un contrat translatif.*

Quels sont les effets de cette obligation et comment se produisent-ils ?

Observation commune aux diverses obligations de *donner.*

Idée générale de la *garantie*, due accessoirement par le débiteur au *créancier.*

Art. 11. — *De l'obligation* de faire ou de ne pas faire.

I. Effet direct de ces sortes d'obligations.

II. Portée générale de l'art. 1142. — *Dommages et intérêts.*

§ 1. — *Quelles sont les suites de l'inexécution des obligations de* donner, *de* faire *et de* ne pas faire.

Sens large du mot *inexécution* ; — diverses causes d'*inexécution*.

Art. 1er. — *Suites de l'inexécution qui provient du* cas fortuit *ou de la* force majeure.

I. Principe général, 1148 : *Casum nemo præstat, debitor certi corporis liberatur interitu rei* ; — *res perit domino*, ou plutôt *creditori ; genus nunquàm perit*, 1303, 1138, § 2, 1882, 1929, 1893, 1245, etc.

De l'application du principe aux contrats synallagmatiques. Voy. § 3, Inst. *de empt. vendit.*, art. 1795, etc.

II. Exceptions à *la non-responsabilité des cas fortuits*. Voy. 1302, § 2, 1773, 1302 *in fine*, 1807, etc.

III. De la preuve en cette matière, 1302 § 3, 1147.

Art. 2. — *Suites de l'inexécution volontaire des obligations par le débiteur.*

I. Causes d'inexécution volontaire.

1° *Fait* du débiteur *sans faute*, art. 1147 comp. à 1382.

2° *De la faute contractuelle.*

Théorie de la *prestation des fautes* : Aperçu historique ; système du Code civil. — 1137 : combin. avec 450, 601, 1614 et 1624, 1728, 1880, 1992, 804, 1927 comparé à 1928, 1733, 1954, etc.

II. Suites de l'inexécution volontaire.

Division du sujet.

No 1. — *Du cas où les parties n'ont rien stipulé par rapport à l'inexécution.*

I. Distinguer d'abord s'il est ou non possible, en fait, au

créancier, malgré l'inexécution par le débiteur, d'atteindre, au moins indirectement, l'*objet* de l'obligation. — Règle *nemo potest præcisè cogi ad factum*. Voy. 1142.

1° Dans le cas où cette possibilité existe, *option* laissée au créancier entre la demande de l'*objet* de l'obligation ou une *indemnité pour l'inexécution* à titre de *dommages et intérêts*.

Si le créancier prend le premier parti, voy. 1143 et 1144 ; s'il opte pour le second parti, voy. 1147.

2° Dans le cas où l'inexécution, même indirecte, est impossible, voy. 1142.

II. *Théorie générale des dommages et intérêts*.

1re Question : A partir de quand les dommages et intérêts sont-ils encourus ?

1° *Cas de simple retard dans l'exécution*.

Voy. 1146, 1139 : notion de la *mise en demeure*.

Manière de mettre le débiteur en demeure : *Droit commun* à cet égard, 1139 *in pr.*, 2248, 2249, etc. — *Règles exceptionnelles* : 1139 *in pr.*, 1153, § 3 cod. civ. et 57 proc. comp. à 474, 1652 *in fin.* cod civ. 1302, § 4, 1657, 435, 436, 474, etc.

2° *Cas d'inexécution proprement dit* : 1142, 1145 et 1146.

2e Question : Quelle est la mesure des dommages et intérêts ?

1° Éléments généraux d'appréciation : voy. art. 1149 et l. 13, ff. *ratam rem haberi*.

2° Application de cette règle aux obligations ayant *un objet autre que le payement d'une somme d'argent* : Distinction selon que le préjudice est ou non la *suite directe* de l'inexécution, — selon qu'il y a eu ou non *dol* de la part du débiteur. Voy. 1151 et 1150.

3° Si l'obligation a pour objet *une somme d'argent*. Voy. l'art. 1153 ; l. du 3 septembre 1807 ; voy. cep. 2028, 1846 cod. civ. ; add. 1904. — Distinction des intérêts *moratoires* et des intérêts *compensatoires*. Voy. 1652.

4° De l'*anatocisme*. Voy. 1154 et 1155.

N° 2. — *Du cas où les parties ont réglé d'avance, par* une clause spéciale, *les suites de l'inexécution.*

I. Notion de la clause pénale, 1226.

II. Utilité pratique de ces sortes de clauses.

III. Quelles obligations peuvent être munies d'une clause *pénale* ; comment entendre l'art. 1227 § 1, comb. avec 1119 et 1121.

IV. Effet général de la clause pénale sur les droits du créancier, 1228, 1229 § 1, 1227 § 2.

V. Dans quels cas la *peine stipulée* est-elle encourue ? 1228, 1229 § 2, comb. avec 1148, 1230, 1139 et 1145.

VI. Prestation à payer dans ces cas : 1226. Voy. 1152 comb. avec 1229 § 1, 1231 et l. du 3 septembre 1807.

DEUXIÈME PARTIE.

DROITS AUXILIAIRES DU CRÉANCIER, CONSIDÉRÉS COMME EFFETS INDIRECTS DES OBLIGATIONS.

§ 1er. — *Des mesures conservatoires.*

Notion de ces mesures ; divers exemples ; droit des créanciers à cet égard.

§ 2. — *Droit de gage imparfait qu'a le créancier sur les biens du débiteur.*

Aperçus généraux sur les art. 2092 et 2093. — Rappel du *droit de rétention* attribué à certains créanciers. Voy. 548, 867, 1673, 1948, etc.

§ 3. — *Des moyens de protection accordes aux créanciers par les art. 1166 et 1167.*

Aperçus généraux sur les motifs de ces deux articles et sur le rôle divers des créanciers dans le cas de chacun d'eux.

Art. 1er. — *De l'exercice par les créanciers des droits et actions du débiteur envers autrui.*

I. L'art. 1166 est une des applications de l'art. 2092.

II. A quels droits et actions l'art. 1166 fait-il allusion d'une manière générale?

Parmi les droits et actions qui rentreraient dans le motif général de l'art. 1166, il y en a cependant quelques-uns que les créanciers ne pourraient point exercer ; voy. 1166 *in fin.*

III. Quels créanciers peuvent user de l'art. 1166.

IV. Dans quelles circonstances les créanciers peuvent-ils user de l'art. 1166 ?

V. Formes à observer pour l'application de l'art. 1166.

VI. Effets généraux de l'exercice de la faculté dont il s'agit.

Art. 2. — *De l'action révocatoire ou paulienne.*

Base et but spécial de l'art. 1167. — Aperçu historique.

1re Question : Quels sont les actes du débiteur qui sont sujets à l'action révocatoire ?

Ce sont les *actes frauduleux* du débiteur, diminuant le gage des créanciers : *eventus damni*, — *consilium fraudis*. Application de ces deux éléments de la fraude aux actes *à titre intéressé* et *à titre gratuit* : comb. 1167, 622, 788 et 1464.

2e Question : Quels sont les créanciers qui peuvent user de l'action révocatoire ?

3e Question : L'action paulienne est-elle *personnelle* ou *réelle ?*

4e Question : Quels sont les effets de la révocation des actes prononcés à suite de l'action paulienne ?

Appendice à l'art. 2.

Notions générales sur l'*action en simulation* et sur les caractères qui distinguent les actes *simulés* des actes *frauduleux*.

CHAPITRE III.

Des modifications que reçoivent les règles précédentes selon que l'obligation est *conditionnelle* **ou** *à terme ; — simple* **ou** *composée* **sous le rapport de la prestation qui en est l'objet ; —** *divisible, indivisible* **ou** *solidaire.*

(Corresp. au chap. IV du titre III).

PREMIÈRE PARTIE.

DES OBLIGATIONS *conditionnelles* ET *à terme* PAR OPPOSITION AUX OBLIGATIONS *pures et simples*

SECTION 1re. — DES OBLIGATIONS CONDITIONNELLES.

Division du sujet en cinq paragraphes.

§ 1er. — *Quand et comment une obligation peut être conditionnelle.*

I. Qu'entend-on par obligation conditionnelle ? *Inst.* § 4 *De verb. oblig.*, art. 1168 *in pr.*

II. Caractère des événements qui peuvent former condition dans une convention. — 1168, 1181, § 1 et 5. — *Inst.* § 6, *De verb. oblig.*

III. Diverses espèces de conditions :

1° *Suivant la cause productrice de l'événement qu'on a eu en vue :* Voy. 1169, 1170 et 1171 : ne pas confondre les conditions *entièrement potestatives* et celles qui ne sont que *simplement potestatives.*

2° Suivant que c'est la *réalisation* ou la *non réalisation* de l'événement qui est mis en condition : 1168, 1176, 1177.

3° Suivant que c'est la *formation* ou la *réalisation* de l'obligation qui est soumise à la condition : 1181 et 1183.

IV. D'où peut provenir le caractère conditionnel d'une obligation.

1° La volonté expresse de l'homme n'est pas la source unique des conditions : Voy. 1375, 1582, 1584, 1184, 843, 920, 953, 1088, 1588, etc.

2° Les parties n'ont pas une entière liberté à cet égard : Voy. 1174. Renvoi de 1172.

§ 2. — *Que résulte-t-il, en général, de l'adjonction d'une condition à une convention.*

I. Effet *suspensif* de *toute* condition : mais il y a toujours un *lien tel quel* entre les parties.

II. Application de cet effet *suspensif* à la condition spécialement appelée *suspensive* : 1181, § 2.

III. Application de l'effet suspensif à la condition dite *résolutoire* : Voy. 1183, § 1 et 2.

IV. Effet de la condition adjointe, dans un contrat synallagmatique, à l'un des droits en résultant.

Appendice au § 2.

Quel est l'effet de l'insertion dans un contrat d'une condition *impossible ou illicite*.

Explication des art. 1172 et 1173.

§ 3. — *Quels sont, jusqu'à l'accomplissement de la condition, les droits respectifs et les obligations des parties.*

I. Aperçu général à ce sujet, d'après le § 4, inst. *de verb. oblig.*, et la loi 10 *ff. de verb. signif.*

II. Conséquences de l'aperçu précédent : 1179 § 2, comb. avec 1122 *in fine*, 1180 ; appliquez 1166 ; voy. 2125.

III. Conséquences spéciales aux *contrats translatifs d'un corps certain* : en cas de condition *suspensive* : Voy. 1182, § 1, 2 et 3 ; en cas de condition *résolutoire* : Voy. 1183, § 1 et 2.

§ 4. — *Quand la condition est-elle censée accomplie ou défaillie?*

I. Règle générale posée par l'art. 1175.

II. Cas spéciaux réglés par les art. 1176 et 1177.

III. Pouvoir discrétionnaire des tribunaux dans le cas de l'art. 1184.

IV. Qu'arrive-t-il quand l'accomplissement de la condition a été empêché par le *fait* du débiteur ? 1178 et 1382.

§ 5. — *Des effets que produit l'accomplissement des conditions.*

I. Règle posée par l'art. 1179 : elle n'est pas applicable aux conditions *simplement potestatives*.

II. Effet de l'accomplissement de la condition *suspensive* en particulier : 1168, 1181 § 2 et 1179. — *Quid* des augmentations reçues ou des détériorations subies par la chose depuis le contrat, 551 et suiv. ; — 1182 §§ 3 et 4, comp. à la loi 8 *ff de peric. et comm. rei vend.* — *Quid* des fruits perçus par le débiteur *pendente conditione?* — *Quid* des concessions faites à des tiers ? 2125.

III. Effet de l'accomplissement de la condition *résolutoire* en particulier : 1170 et 1183 comb.

1° *De la condition résolutoire expresse.* — Comment se produit la résolution ; observations spéciales sur le *pacte commissoire* : 1139 et 1656. — Suites de la résolution : 1183, § 1 *in fine*, 2125.

2° *De la condition résolutoire tacite.* — Comment se produit la résolution ; Voy. 1183, § 1, 865, 928, 960, etc.; cas particulier de l'art. 1184 : Voy. les §§ 2 et 3 de cet article. — Suites de la résolution.

Appendice à la matière des OBLIGATIONS CONDITIONNELLES.

Du *mode* apposé à une obligation conventionnelle.

I. Notion du *mode*, comparée à celle des *conditions* proprement dites.

II. Interprétation des clauses *modales*.

SECTION II. — DES OBLIGATIONS A TERME.

§ 1. — *Quand l'obligation est-elle à terme?*

I. Notion du terme.
II. Diverses espèces de termes.

§ 2. — *Quelle est l'influence du terme dans les contrats.*

I. Du terme assigné comme limite à la durée de l'obligation.
II. Du terme suspendant l'exécution.

1° Voy. § 2, inst. *de verb. oblig.*, art. 1185 : Voy. 1158, § 2 rectifié.

2° De la transmission du droit aux héritiers du créancier à terme.

3° Mesures conservatoires permises au créancier à terme ; mention de la loi du 5 septembre 1807.

4° De la renonciation par le débiteur au bénéfice du terme, 1187 : Voy. 1186, § 2.

§ 3. — *De l'événement du terme.*

Diverses observations sur la computation des différents termes. — *Dies ad quem*, — *dies à quo*, etc.

§ 4. — *De la déchéance du terme que peut encourir le débiteur et de la renonciation par le créancier au terme stipulé dans son intérêt.*

I. Quand perd-on le bénéfice du *terme de droit?* Voy. 1188 comb. avec 1913 et 2072 : Voy. aussi 2131.
II. Déchéance du délai de grâce : 124 Cod. Pr.
III. Renonciation par le créancier à un terme qu'il a imposé dans son intérêt à l'exécution de l'obligation.

§ 5. — *Du terme joint à une obligation conditionnelle.*

I. Cas où un terme a été assigné pour l'accomplissement d'une condition : 1176 § 1 et 1177 § 2.
II. Cas où le terme et la condition affectent en même temps l'obligation elle-même.

DEUXIÈME PARTIE.

DES OBLIGATIONS *composées* SOUS LE RAPPORT DE LA PRESTATION QUI EN FAIT L'OBJET.

Variétés sous lesquelles une obligation peut être composée par rapport à la multiplicité de ses prestations. — Division en trois §.

§ 1. — *Des obligations conjonctives.*

I. Notion des obligations *conjonctives*.

II. *La multiplicité* des prestations comprises dans une même obligation en rompt-elle l'*unité?* Voy. l. 1, 29 et 66, *ff. de verb. oblig.*

III. De l'exécution des obligations *conjonctives* et des suites de leur inexécution totale ou partielle : Voy. 1625.

§ 2. — *Des obligations* ALTERNATIVES *ou* DISJONCTIVES.

I. Notion de l'obligation *alternative* par opposition à l'obligation conjonctive.

II. Eléments et caractère de l'obligation *alternative* : Voy. 1196, 1192, 1189 *in pr.* et 1191 § 2.

III. Du choix entre les prestations promises : 1190 et 1191 § 2, etc.

IV. Règles à suivre dans le cas de perte des choses à livrer ou d'impossibilité des faits à accomplir : Voy. 1193, 1194 et 1195.

V. De la transmission de la propriété en vertu des contrats conçus dans la forme alternative : Voy. l. 34 § 6 *ff. de contr. empt.*

§ 3. — *Des obligations facultatives.*

I. Notion de cette variété d'obligations.

II. De l'exécution de cette obligation. — Question des risques.

TROISIÈME PARTIE.

DES OBLIGATIONS COMPOSÉES SOUS LE RAPPORT DES PERSONNES ENTRE LESQUELLES ELLES EXISTENT, OU, DES OBLIGATIONS *divisibles* ET *indivisibles* ET DES OBLIGATIONS *solidaires*.

Aperçu général sur les circonstances dans lesquelles se rencontrent ces variétés d'obligations.

SECTION Ire. — DES OBLIGATIONS DIVISIBLES ET INDIVISIBLES.

§ 1 — *Quand y a-t-il divisibilité ou indivisibilité dans une obligation?*

I. A quoi faut-il s'attacher pour savoir si une obligation est *divisible* ou *indivisible?* Vérifier si la matière qui fait l'objet de la prestation due est susceptible ou non d'être divisée en *parties matérielles* ou au moins en *parties juridiques* ; — ne pas confondre *l'indivisibilité* avec *l'indivision*.

II. Pour savoir si la matière de la prestation est ou non susceptible de division, au moins intellectuelle, il faut s'attacher d'abord à la *nature* de la chose promise et puis à l'*intention des parties*.

1° Indivisibilité tenant à la *nature* de la matière qui fait l'objet de l'engagement : indivisibilité *naturâ* ou *absolue* ; la qualification d'indivisibilité *contractu*, appliquée à ce cas, est amphibologique. Voy. l. 2 *ff. de verb. oblig.* ; art. 1217. Exemples.

2° Indivisibilité dérivant de l'*intention des parties contractantes* : l. 2, *ff. de verb. oblig.* Indivisibilité *fictive* ou *intentionnelle* : (*obligatione.*) Voy. art. 1218. Exemples.

§ 2. — *Des effets de la divisibilité des obligations.*

Aperçu général à ce sujet. Notion des obligations *conjointes*.

I. Effets quant au droit de contrainte : 1220. Distinction entre la *part virile* et la part *héréditaire*.

Conséquences en cas d'insolvabilité de l'un des débiteurs ;

II. Effets quant aux interruptions et suspensions de prescription : arg. 2249 § 2 et 2251 ;

III. *Item* quant à la mise en demeure et au cours des intérêts moratoires : arg. 1220, 1165, 1146, 1139, 1153 ;

IV. Quant aux dommages-intérêts encourus pour inexécution imputable totale ou partielle : combin. 1147, 1148 et 1233 ;

V. Quant aux rapports respectifs des créanciers ou débiteurs, seulement conjoints, pour une obligation divisible : voy. 1165, 1382 et 1233, § 2.

§ 3. — *Des effets de l'indivisibilité des obligations.*

Aperçu général : la prestation est due *tota sed non totaliter* par chaque débiteur.

I. Effets de l'indivisibilité sur les rapports de créanciers à débiteurs :

1° A quoi peut être astreint chaque débiteur et que peut demander chaque créancier? 1222, 1233, 1224 § 1. Voy. aussi 709, 710, 2249 § 2 *in fin.*

2° Restrictions spéciales apportées au droit de chaque créancier : 1224, § 2.

3° Conséquences de l'inexécution de l'obligation, qui transforme en somme d'argent la prestation indivisible, soit que la contravention émane d'un seul ou de tous les débiteurs. Voy. 1147, 1220 et 1233 § 1 comb.

II. Effets entre les divers créanciers ou débiteurs eux-mêmes. Voy. 1224 § 2 *in fin.*, 1232 *in fin.*, et surtout 1225.

§ 4. — *Examen de divers cas d'obligations divisibles où se produisent quelques-uns des effets de l'obligation indivisible.*

I. L'art. 1221 indique ces cas.

II. En quoi ces cas d'obligations divisibles participent-ils, en général, aux règles de l'indivisibilité : indivisibilité *solutione* ou *fictive et unilatérale*.

III. Examen séparé de chacun des §§ de l'art. 1221.

IV. Recours du débiteur qui a payé le tout : 1221, § ult.

SECTION II. — DES OBLIGATIONS SOLIDAIRES.

Notion générale de la solidarité ; différence avec l'indivisibilité : *Totum et totaliter debetur* : 1219. — Division du sujet.

§ 1. — *De la solidarité* active *ou entre les* créanciers.

1° Quand y a-t-il solidarité entre plusieurs créanciers de la même prestation ? 1197 *in fine*.

2° Situation des créanciers solidaires envers le débiteur et entre eux.

3° Conséquences en résultant : 1197 et 1198 § 1, l. 16, *ff. de duob. reis* : 1199, 1198, § 2 et 2249.

§ 2. — *De la solidarité* passive, *ou entre les débiteurs*.

Principes généraux de la matière : division du sujet.

1re QUESTION. — Quand y a-t-il solidarité passive.

1° La volonté des parties ou une loi expresse en sont les seules sources.

2° Pour les obligations dérivant d'un contrat : voy. 1202 § 1 ; 1162 et 1220 comb., 1887, 2002, 2025.

3° *Quid* pour les obligations dérivant d'un testament ? Voy. 1033.

4° *Quid* de celles dérivant d'un quasi-contrat, d'un délit ou d'un quasi-délit ? Voy. 395, 396, 1734 cod. civ. et 55 cod. pén.

2e QUESTION. — Quels sont les effets de la solidarité passive.

I. Effets entre les créanciers et les débiteurs.

1° Chacun des débiteurs est censé seul. Voy. 1203 et 1204 à combiner avec 1201, 1204 et 1288 cod. civ. ; 175 proc.

2° En quel sens chaque co-débiteur est censé représenter les autres. Voy. 1205, 1206 et 2249 1°, 1205 ; voy. cep. 1207 comp. à l. 32, § 4, *ff de usuris*.

3° La solidarité n'empêche pas la division de la dette entre les héritiers de chacun des débiteurs : 2249 §§ 2 et suiv.

II. Effets de la solidarité passive entre les co-débiteurs.

1° Que résulte-t-il de ce qu'ils sont censés associés ? Voy. 1213, 1214 et 875 *in med*.

2° Conséquences de ce qu'ils sont censés mandataires et cautions respectifs pour ce qui excède leur part : 1999, § 1 et 2028 ; comp. 1251 3° et l. 76, *ff. de solutionibus*.

3° *Quid* lorsque l'affaire n'intéressait finalement qu'un seul des débiteurs solidaires ? 1216.

3° Question. — Comment la solidarité passive peut-elle cesser ?

Par la renonciation du créancier ou la remise de la solidarité.

I. Ses diverses espèces :

Générale ou *spéciale* quant aux *personnes* ou quant aux *effets* de la solidarité.

Expresse ou *tacite* ; cas spécialement prévus et réglés par la loi : 1210, 1211 et 1212.

II. Effets de la remise : ils diffèrent selon l'espèce de la remise. Voy. 1210 *in pr.*, 1211, § 1 ; 1210 *in fine* 1°, 1285 et 1215.

APPENDICE A LA MATIÈRE DES *obligations solidaires*.

De l'obligation connue sous le nom d'obligation simplement *in solidum* ou solidaire *imparfaite*.

I. Notion de cette variété d'obligations, connue dans le Droit romain et dans l'ancien Droit français.

II. Quand y a-t-il obligation solidaire imparfaite ?

1° Règle générale à ce sujet.

2° Application de cette règle soit aux obligations contractuelles ou testamentaires, soit aux obligations ayant une autre source. Voy. *à contrar.* de 1995 comb. avec 2006; comp. 1887, 2002, 1033 et 1734; voy. spécialement 2025, 395, 396 cod. civ. et 55 cod. pén. — *Quid* de l'obligation alimentaire *ex lege?*

III. Effets de l'obligation *in solidum*, soit en faveur des créanciers, soit entre les divers débiteurs.

Comparaison avec les effets des obligations solidaires proprement dites.

CHAPITRE IV.

(Corresp. au chap. 5 du titre III.)

De l'Extinction des droits et des obligations.

Aperçu général : voy. 1234 complété. — Division du chapitre.

SECTION 1re — DU PAYEMENT.

Sens du mot *payement*. — Règles de l'art. 1235. — Division de la section.

§ 1er — *Conditions de validité du payement.*

N° 1. — Par qui le payement peut-il être fait?

I. Du payement fait par un intéressé à la dette, 1236 § 1.

II. Du payement fait par un tiers non intéressé à la dette. — 1236 § 2 à expliquer. — *Quid* si le débiteur s'y oppose? — Voy. aussi 1247.

III. De la capacité requise de la part de celui qui fait un payement; 1238 à rectifier.

N° 2. — Quand le payement doit-il être fait?

I. De l'exigibilité et de l'échéance des obligations selon leurs diverses espèces.

II. Spécialités sur le *délai de grâce* : 1244 § 2 cod. civ., 122, 123, et 124, proc.

N° 3. — *En quoi doit consister le payement.*

I. Règle générale : 1243. — De la *dation en payement* : 1595 et 2038.

II. Du payement fractionné : 1244, 1220.

III. Des détériorations et augmentations survenues à la chose depuis la promesse : 1245 comb. avec 1147, 1148, 551 et suiv.

IV. Payement des choses déterminées seulement quant à leur espèce : 1246 comb. avec 1156 et 1162.

V. Payement d'une somme d'argent : 1895, 1932 2° Déc. 18 août 1810, art. 2. Loi du 6 mai 1852. Déc. du 17 novembre 1852.

N° 4. — *Du lieu où le payement doit être fait.*

Voy. 1247 § 2. — 1247 § 1 comb. avec 1609 ; art. 111.

N° 5. — *A qui le payement doit-il et peut-il être fait ?*

I. Voy. 1239 § 1. — Suites du payement fait à un incapable : voy. 1239 § 2, 1241 et 1312.

II. De l'*adjectus solutionis gratiâ* : 1277 § 2.

III. Du payement fait à un créancier apparent : voy. 1240.

Appendice au § Ier.

Aux frais de qui le payement doit-il être fait?

Voy. 1248, 1608 : décr. du 17 novembre 1852.

§ II. — *Des effets et suites du payement.*

Art. 1er — *Effet libératoire du payement vis-à-vis du créancier.*

I. Libération du débiteur lui-même ; 1234 1°. De l'imputation des payements : 1253 et suiv.

II. Libération des co-débiteurs ou débiteurs accessoires : 1200 *in fin.* 2011, 2034 et 2036.

III. Effets des *saisies-arrêts* pratiquées par les créanciers du créancier : 1242.

Art. 2. — *Suites de la libération procurée soit par une personne qui n'était pas seule intéressée à la dette, soit par un étranger.*

Aperçus généraux sur ce sujet important et difficile.

N° 1. — *Du payement fait avec subrogation.*

Notion de la subrogation.

I. Problème juridique que le code civil avait à résoudre à ce sujet. — Solution préparée par une longue élaboration historique : (voy. l. 36 § 6 ff. de *fidejuss.* et l. 76 ff. de *solut.* — L. 1, cod. de *his qui pot. in pign.* — Ancien droit français) : système du code civil.

II. Diverses espèces de subrogation : 1249.

III. Conditions requises pour les diverses subrogations.

1° Subrogation conventionnelle *ex parte creditoris* : 1250 § 1.

2° Subrogation conventionnelle *ex parte debitoris* : 1250 § 2.

3° Subrogation légale; 1251 : renvoi.

IV. Effets de la subrogation.

1° Voy. 1252 § 1.

2° Différence générale avec la cession des créances.

3° Explication critique de l'art. 1252 § 2.

N° 2. — *Du payement fait par un tiers sans subrogation.*

Situation de ce tiers vis-à-vis du débiteur qu'il a libéré avec ou sans son consentement, ou malgré son opposition.

§ III. — *Comment le débiteur, qui veut se libérer, peut-il vaincre les obstacles qui s'opposent à sa libération de la part du créancier ; ou des* OFFRES RÉELLES *et de la* CONSIGNATION.

Voy. 1257 et suiv.

Appendice à la section Ire.

De la cession de biens.

Voy. 1265 à 1270.

Section III. — De la remise de la dette et de la renonciation aux divers droits en général.

§ Ier. — *Principes généraux sur les renonciations.*

Notion; — diverses espèces de renonciation; — à quels droits on peut renoncer; — qui peut renoncer; — formes de la renonciation; — effets d'une renonciation parfaite.

§ II. — *De la remise de la dette, c'est-à-dire de la renonciation d'un créancier à son droit.*

I. Notion spéciale de la *remise de la dette.*

II. Qui peut faire remise d'une dette : 1198 § 2.

III. Formes de la remise de dettes : voy. 1285 et 1287.

IV. Effets de la remise de la dette.

1° Dans les cas d'obligations simples ; — observations pour les remises faites à *titre gratuit* : voy. 843 et suiv., 921 et suiv., 960.

2° Vis-à-vis des co-débiteurs solidaires; — voy. 1285, 1284 comp. à 1210; — quant aux cautions, 1287 et 1288.

Section III. — De la novation et de la délégation.

Notion générale de ces deux opérations juridiques.

§ Ier. — *De la novation proprement dite.*

Art 1er. *Eléments de toute novation.*

Art. 2. *Capacité requise pour nover.*

I. Voy. 1272.

II. *Quid* des créanciers solidaires? 1197 et 1198.

Art. 3. *Du changement opérant novation.*

I. Tout changement n'opère pas novation : 1277.

II. L'intention de nover doit être certaine : 1273.

III. Cette intention peut s'appliquer aux situations diverses prévues par l'art. 1271.

Art. 4. *Effets de la novation.*

I. Entre le créancier et le débiteur de la première obligation : 1234 2°, 1276.

II. Par rapport aux sûretés accessoires de cette obligation : 1278 § 1, 1281 § 2.

III. Par rapport aux co-débiteurs solidaires : 1281 § 1.

IV. Dispositions exceptionnelles des art. 1278 § 2, 1279, 1280, 1281 § *fin*.

§ II. — *De la délégation.*

I. Notion spéciale de la délégation, 1275 ; observations terminologiques.

II. Distinction entre la *délégation simple* et la *délégation-novation* (1275).

III. Effets de la délégation simple.

IV. Effets de la délégation-novation : voy. 1276.

Appendice a la section III.

De la novation dite *judiciaire*.

Cette locution, dont l'origine se rattache à des dispositions spéciales du droit romain (Gaïus III, 180) est équivoque : effets d'un jugement de condamnation.

Section IV. — De la compensation.

§ Ier. — *Notions générales et historiques.*

§ II. — *Quelles sont les dettes entre lesquelles la compensation peut avoir lieu*

I. Voy. art 1291. 1292.

II. Faut-il se préoccuper de l'origine des dettes ? Voy. 1293 *in pr.*; voy. cep. 1293 §§ 1 et suiv.

III. De la différence entre les lieux de payement : 1296.

§ III. — *Entre quelles personnes opère la coexistence de deux dettes compensables.*

I. Voy. 1289.

II. Cas spéciaux de l'art. 1294.

§ IV. — *Détails sur les effets de la compensation.*

I. Son effet extinctif et virtuel : 1289, 1290, 1297.

II. En quel sens la compensation ne peut nuire aux tiers : 1298 et 1295.

III. Du payement, fait par erreur, d'une dette déjà éteinte par compensation : 1299.

APPENDICE A LA SECTION IV.

De la compensation facultative.

I. Notion. — Les demandes *reconventionnelles* sont un des moyens d'arriver à la compensation facultative.

II. Le moment où s'opère la compensation facultative varie d'après les circonstances ; mais, dès ce moment, ses effets ressemblent beaucoup à ceux de la compensation légale : (voy. cep. 1290 et 1244, comb.)

SECTION V. — DE LA CONFUSION.

I. Notion de ce mode d'extinction : 1300 à rectifier.

II. Effet de la confusion et comment il se produit : 1300 et 1234 ; l. 95 ꝸ 2, ff. *de solutione.*

III. Sens de la règle : *confusio potius eximit personam ab obligatione quàm extinguit obligationem* (arg. l. 71 *in med.* ff. *de fidejussor.*) : voy. 1301 ꝸꝸ 2 et 3 et 1209 compar. ; 1301 ꝸ 1.

IV. Qu'arrive-t-il si la cause de la confusion cesse ?

SECTION VI. — DE LA PERTE DE LA CHOSE DUE ET DES DIVERS CAS OÙ L'ACCOMPLISSEMENT DE L'OBLIGATION DEVIENT IMPOSSIBLE.

I. Rappel des règles antérieures sur les *cas fortuits* et leurs suites.

II. Explication de l'art. 1302, relatif à la perte d'un corps certain qui était dû ; — *meum est quod ex re med superest.* — Des obligations de donner un corps déterminé seulement quant à son espèce.

III. De l'impossibilité *de faire* ou de ne *pas faire*.
IV. Examen de l'art. 1303.

Section VII. — De l'action en nullité ou en rescision.

Divers degrés d'*imperfection* dont un contrat peut être atteint. — Ne pas confondre avec les causes de *résolution*.

§ Ier. — *Des contrats nuls ou inexistants.*

Notion de ces sortes de contrats qui n'ont que l'apparence d'un contrat véritable.

I. Cas d'inexistence ou de nullité radicale : voy. 1108, 1131, 931, 1339, etc.

II. Conséquences pratiques de l'inexistence du contrat.

§ II. — *Des contrats annulables ou rescindables.*

Aperçus préliminaires.

Notion générale des vices rendant les contrats annulables ou rescindables : nécessité de détails historiques. Théorie du Code civil.

Art. 1er. *Dans quels cas un contrat est-il annulable ou rescindable.*

No 1. *Cas d'annulabilité.*

I. D'où procèdent les causes de nullité.

II. Cas d'application : voy. 1108, 1124 et 1125, l. 30 juin 1838, art. 39, 1311 *in med.*, etc.

No 2. *Cas où la lésion rend un contrat rescindable*

Voy. 1118, 1313, 887, 1674, 1305 et suiv,

No 3. *De l'annulabilité et de la rescision relativement aux actes d'obligations concernant un mineur.*

Aperçu historique. *Minor non restituitur tanquàm minor, sed tanquam læsus* (arg. l. 44, 11 §§ 3 et 4 ff. de *minor. XXV ann.*) Division du sujet.

I. *Actes concernant un mineur non émancipé.*

1° Actes soumis par la loi à des formalités particulières : 457 et suiv., 1314, 1309, 463, 466 et 840.

2° Actes non soumis à des formalités particulières : c'est tantôt le mineur seul, tantôt le tuteur qui y a personnellement figuré : comb. 1124, 1125 § 1 et 1305, 450, 1314.

II. *Actes concernant un mineur émancipé.*

Questions analogues à celles qui précèdent.

III. *Exceptions aux règles sur la restitution des mineurs :* voy. 1306, 1307, 1308, 487, 1309, 1095, 1398, 1310, 1370, 1375.

Art. 2. — *Comment est produite l'annulation ou la rescision dans les cas où la loi l'admet.*

I. Nécessité d'un jugement, nonobstant 502 *in fin.* Voy. cep. 686 Proc.

II. Qui peut intenter l'action en nullité ou en rescision.

III. De la preuve en cette matière.

IV. Mention des art. 891 et 1681, spéciaux aux actions en rescision.

Art. 3. — *Effets de l'annulation ou de la rescision.*

I. Rétroactivité du jugement.

II. Effets du jugement entre les parties : 1312 comb. avec 1241 : comparaison avec le cas d'inexistence.

III. Effets à l'égard des tiers.

IV. Mention de l'art. 4 de la loi du 23 mars 1855.

Art. 4. — *De la confirmation ou ratification des contrats annulables ou rescindables.*

I. Notion générale. Voy. 1115, 1338 § 3 : *confirmatio nil dat novi.*

II. Quelles obligations sont susceptibles de *confirmation* ou de *ratification*. Voy. 1338, § 1.

III. Conditions de validité de la ratification.

1° Capacité *ad hoc.*

2° Epoque de la ratification.

3° Formes : *expresse*, 1338 § 1 ; *tacite*, 1338 § 2.

4° Effets de la ratification : 1338 § 3. La fin de ce § mérite attention.

Art. 5. — *Du délai dans lequel doit être intentée l'action en nullité ou en rescision.*

Aperçu général à ce sujet : l'art. 1304 (Voy. cep. 1622, 1696) pose la règle, qu'il faut examiner en détail.

I. Délai accordé par l'art. 1304.

Historique. — Computation du délai : arg. 1676, 1304 §§ 2 et 3 ; loi du 30 juin 1838, art. 39. — Nature juridique de ce délai : est-ce une prescription ou une déchéance qu'il fait encourir ?

II. Quelles actions sont soumises à ce délai.

III. Règle *quæ temporalia sunt ad agendum sunt perpetua ad excipiendum.*

Section VIII. — De l'expiration du temps pour lequel on s'est obligé.

Comparaison des règles du Code civil sur ce point avec celles du droit romain : § 3 inst. *de verb. oblig.* ; l. 44 §§ 1 et 2 *ff. de verb. oblig.*

CHAPITRE V.

De la preuve des droits et obligations et de celle de leur extinction.

(Corresp. au chap. VI du tit. III).

Aperçus généraux sur la théorie des preuves : 1315. Divers modes de preuve : 1316. Division du sujet.

Section I. — De la preuve littérale.

De quoi elle résulte : Diverses espèces d'*actes écrits* (*instrumenta*).

§ 1. — *Des actes authentiques.*

I. Notion : 1317.

II. Formes générales de tout acte authentique.

III. Formes spéciales des actes notariés, d'après les lois du 25 ventôse an XI et du 21 juin 1843. Détails pratiques.

IV. Force probante des actes authentiques : 1319. Motif de cet article, sa portée quant aux diverses parties de l'acte (1320) et aux personnes intéressées à sa disposition : art. 1 et 19 de la loi du 25 vent. an XI, 1165, 549, 550 et 2265.

V. De la force exécutoire des actes authentiques : 545 Proc. ; 1319 Cod. civ., l. 25 vent. an XI, art. 19.

§ 2. — *Des actes privés.*

Diverses espèces d'actes privés.

N° 1. — *Des actes sous seing-privé ordinaires.*

Notions spéciales.

I. Forme des actes sous seing-privé. Il n'y a, en général, rien de prescrit à leur égard. Voy. cep. 1325 et 1326.

II. De la foi due aux actes sous seing-privé.

1° Voy. 1323 et 1324 Cod. civ. ; 193, 194 et 195 Proc. L. 3 sep. 1807.

2° Explication de l'art. 1322 : ajoutez 1320.

3° De la foi due à la *date* des actes sous seing privé ; explication de l'art. 1328 qui est très important.

N° 2. — *Des blancs-seings.*

Notion, — force probante, — des abus de blancs-seings (407 cod. pén.), — du faux en cette matière, — questions de preuve.

N° 3. — *Des lettres missives.*

Leur force probante.

§ 3. — *Des copies de titres.*

Explicat. des art. 1334, 1335 et 1336 qui divisent les copies en trois classes, par rapport à leur force probante.

§ 4. — *Des actes récognitifs ou confirmatifs.*

N° 1. — *Des actes récognitifs.*

Voy. 1337, 2248 et 2263 : voy. 695.

N° 2. — *Des actes confirmatifs.*

Voy. 1338 § 1.

APPENDICE A LA SECTION 1re.

De la preuve par les *tailles*.

Voy. 1333.

SECTION II. — DE LA PREUVE TESTIMONIALE.

Aperçus généraux et historiques. — Esprit du code Napoléon sur ce mode de preuve.

§ 1. — *Jusqu'à quel point l'emploi de la preuve testimoniale est-il restreint par la loi.*

Il faut voir successivement : 1° les prohibitions prononcées par la loi ; — 2° les exceptions que ces prohibitions reçoivent.

N° 1. — *Prohibitions ordinaires.*

I. Prohibition de la *preuve orale*, à cause de la valeur mise en question par le fait à prouver ; — 1341 *in pr.* à expliquer en détail. — Voy. cep. 1715, 2044, etc. ; — applications diverses de la règle : 1342 à 1346.

II. Prohibitions de prouver contre et outre un titre écrit : 1341 *in med.*

N° 2. — *Exceptions aux prohibitions ordinaires.*

I. Matières commerciales — 1341 *in fin.*, 109 cod. com.

II. Commencement de preuve par écrit : 1347 à voir en détail.

III. Impossibilité d'avoir eu une preuve écrite : 1348.

IV. Perte du titre écrit : 1348 4°.

§ 2. — *Comment est administrée la preuve testimoniale.*

§ 3. — *Force de la preuve testimoniale.*

APPENDICE A LA SECTION II.

De la preuve par la *commune renommée.*

Qu'est-ce ? quand est-elle admise ? 1415, 1442, etc.

SECTION III. — DES PRÉSOMPTIONS.

Notion de ce mode de preuve : 1349 à rectifier ; — ses deux espèces.

§ 1. — *Des présomptions* légales.

I. Ce qu'on entend par là : 1350 § 1.

II. Cas principaux où ces présomptions sont admises : 1350, 911, 1100, 312, 588, 502, etc.

III. Force probante des présomptions légales : 1352 § 1. — *Juris et de jure,* — *juris tantùm,* 1352 § 2 à expliquer par des exemples.

Appendice au § 1er.

Examen spécial de la présomption légale résultant de l'*autorité de la chose jugée.*

1° Formule du sujet.

2° Portée générale de l'autorité de la chose jugée. — Art. 5. — 1351 § 1. *Res judicata pro veritate accipitur.*

3° Quand peut-on dire que le *second* procès serait le *même* que le *premier?* 1351, ll. 27, 12, 13 et 14 ff. de *Except. rei judicatæ* : ce point est très délicat et exige de nombreux détails.

4° De la chose jugée sur les questions d'état.

5° De l'influence au *civil* des jugements rendus au *criminel* sur le *même fait* et réciproquement.

§ 2. — *Des présomptions* simples *ou qui ne sont pas établies par la loi.*

1° Notion, — arg. 1349 et 1353 ; — 2° quand ces présomptions sont admissibles, 1353 *in fine* ; — 3° caractères qu'elles doivent réunir, 1353.

SECTION IV. — DE L'AVEU OU CONFESSION DE LA PARTIE.

I. Notion de ce mode de preuve.

II. Diverses espèces d'aveux : 1354, 1356 § 1.

III. De qui doit émaner l'aveu : 1356 § 1.

IV. En quelles matières il est ou non admis comme preuve : Voy. 335, 307, 1352 *in fin.*, Cod. civ., 870 Proc.

V. Effets probants de l'aveu judiciaire.

1° Peut-il être rétracté : 1356, § ult.

2° Foi qui lui est due : 1356, § 2. — Théorie de *l'indivisibilité* de l'aveu judiciaire : 1356, § 3.

VI. Effets probants de l'aveu extra-judiciaire : 1355.

SECTION V. — DU SERMENT.

Notions et diverses espèces : 1357.

§ 1er. — *Du serment judiciaire* décisoire.

I. Nature juridique de ce serment : 1357, 1°.

II. Entre quelles personnes le serment fait preuve.

III. En quelles matières : Voy. 1358 et 1360 ; 335, 911, 969, 1394, 1352 *in fine*.

IV. Sur quels faits : 1357 et 1359.

V. Pouvoir du juge en cette matière.

VI. Règles pratiques sur la *délation* du serment, sa *prestation*, son *refus* ou sa *relation* à l'autre partie : 1360 et suiv.

§ 2. — *Du serment judiciaire déféré d'office ou* supplétoire.

Notion et nature de ce serment ; — quand et à qui il peut être déféré ; — ses suites et celles de son refus : 1357, 1366 à 1369.

CHAPITRE VI.

De deux quasi-contrats spécialement traités dans le titre IV.

SECTION Ire. — DE LA GESTION SANS MANDAT DES AFFAIRES D'AUTRUI.

I. Notion détaillée de ce quasi-contrat (1372) et situations générales où il peut intervenir.

II. Obligations en dérivant.

1° Obligations du gérant : 1374, 1372, 1373.

2° Obligations du maître : 1375.

3° Rapports respectifs des tiers, du gérant et du maître de l'affaire gérée.

III. De la capacité en cette matière.

IV. De la gestion de l'affaire d'autrui, croyant gérer la sienne propre, ou malgré la volonté du maître.

SECTION II. — DE LA RÉCEPTION DE L'INDU.

I. Notion détaillée du quasi-contrat résultant de la réception, faite à titre de payement, de ce qui n'était pas dû à celui qui l'a reçu : Voy. 1376 et 1377 comb. avec 1235.

II. A qui incombe la preuve des divers éléments de ce quasi-contrat.

III. Conséquences obligatoires de la réception de l'indu, selon que le recevant a été de bonne ou de mauvaise foi et selon la nature de la chose reçue : Voy. 1379, 549, 550, 1378, 1382, 1380, 1381 et 555.

IV. De la capacité en cette matière.

V. Fin de non-recevoir contre la répétition de l'indu : 1377 § 2, 1235, 1967.

CHAPITRE ADDITIONNEL.

Courtes notions sur les droits d'enregistrement en matière de contrats et obligations.

Il est très utile d'avoir, sur ce sujet, des indications générales qui forment un complément très convenable à la matière des *contrats et obligations* : la loi du 22 frimaire an VII est comme le Code de la législation fiscale sur cette branche importante des revenus publics.

TITRE XX.

DE LA PRESCRIPTION.

APERÇUS PRÉLIMINAIRES.

I. Notions générales de la prescription et de son double but : 2119 et 1350 comb. : *Patrona generis humani ; impium præsidium* ; coup d'œil historique.

II. Conditions générales requises pour la prescription, d'après sa double utilité ; portée légale de la prescription accomplie : 1350 2°, 1352. Voy. cep. 2275.

III. Règles concernant la computation du temps requis pour prescrire : 2260, 2261. Voy. 132 cod. com.

IV. Division du titre ; observations sur l'art. 2264.

CHAPITRE 1er.

Règles générales sur l'emploi légal de la prescription.

§ 1er. — *Contre quelles personnes peut courir la prescription.*

I. Principe général : 2251. — Maxime *contrà non valentem agere non currit præscriptio* : que faut-il en penser? Voy. 2252 et suiv. 2278. — Renvoi.

II. De la prescription à l'égard des *personnes morales*. Voy. 2227.

§ 2. — *La prescription opère-t-elle de plein droit.*

Voy. 2223.

§ 3. — *Par qui la prescription peut être invoquée.*

I. Par l'intéressé principal, sauf renonciation (*ut infrà*).

II. *Quid* de ses créanciers, ou de toute autre personne indirectement intéressée à s'en prévaloir? 2225.

III. *Quid* du ministère public?

§ IV. — *Des renonciations à la prescription.*

I. Des renonciations anticipées : 2220 § 1.

II. De la renonciation à la prescription acquise : 2220 § 2 ; nature de cette renonciation.

1° Capacité *ad hoc* : 2222.

2° Modes de renonciation : 2221.

3° Effets de la renonciation, à l'égard du renonçant, de ses créanciers (2225 *in fine* et 1167), du demandeur qui était atteint par la prescription et de tous autres intéressés : 2225.

III. De la renonciation à une prescription commencée et non encore acquise.

§ V. — *Jusqu'à quel moment la prescription peut-elle être opposée ?*

Explication de l'art. 2224.

CHAPITRE II.

De l'*usucapion* en particulier, ou de la *prescription* à l'*effet d'acquérir.*

Division du chapitre en trois sections.

SECTION Ire. — QUELS SONT LES DROITS QU'ON PEUT ACQUÉRIR PAR USUCAPION.

Règle générale et détails importants à ce sujet.

SECTION II. — SUR QUELS BIENS CES DROITS PEUVENT-ILS ÊTRE ACQUIS PAR USUCAPION.

Il ne peut être question que des biens susceptibles d'appropriation privée. Voy. 714.

I. Quant aux meubles ; voy. 2279. Renvoi.

II. Quant aux immeubles ; voy. 2226, 538 et suiv.

SECTION III. — COMMENT S'OPÈRE L'USUCAPION.

Par une *possession*, réunissant les *caractères légaux* et ayant *duré* pendant un certain laps de temps.

§ 1. — *Notions sur la possession civile à l'effet de prescrire.*

I. Définition de l'art. 2228, comb. avec 2230, 2231, 2236, 2238.

II. Règles générales sur l'*acquisition* de la possession et sa *conservation*.

§ 2. — *Caractères que doit réunir la possession, indépendamment de sa durée.*

Commentaire détaillé de l'art. 2229.

Art. 1er. — *Possession à titre de propriétaire.*

I. Voy. 2229 opposé à 2236, 2230 cod. civ.; 23 proc. — Notions historiques sur la possession *précaire*, qu'il ne faut pas confondre avec la possession de *mauvaise foi*.

II. Situation des possesseurs précaires par rapport à la prescription ; 2236 § 1, 2240, 2231; portée *absolue* ou *relative* du vice de précarité ? Voy. cep. 2238 sur les *interversions de titre*.

III. Des actes de *tolérance* ou de *pure faculté*. — 2232.

Art. 2. — *Possession paisible.*

I. Voy. art. 2229 et 2233.

II. Le vice résultant de la violence de la possession est-il *absolu* ou *relatif* ?

Art. 3. — *Possession publique.*

I. Voy. art. 2229.

II. Nature, durée et conséquence du vice de clandestinité.

Art. 4. — *Possession non équivoque.*

I. Quel est le vice spécial que l'art. 2229 a voulu exclure par là ?

II. Caractère et effets de ce vice.

Art. 5. — *Possession* CONTINUE *et non* INTERROMPUE.

I. La possession peut être *discontinue* sans avoir été *interrompue ;* mais la réciproque n'est pas vraie. — 2229.

II. Renvoi pour les détails sur l'*interruption*.

§ 3. — *Durée de la possession civile.*

Coup d'œil historique et général à ce sujet : 2262 et 2265. Voy. cep. 359.

N° 1. — *De la prescription* TRENTENAIRE.

Explication de l'art. 2262, en tant qu'il est relatif à la prescription *acquisitive ;* nature et éléments de cette prescription.

N° 2. — *De la prescription par* DIX *ou* VINGT *ans.*

I. Il faut ici *juste titre* et *bonne foi*. 2265.

Première condition : Acquisition par *juste titre* : comb. 549, 2267 et loi du 23 mars 1855, art. 1, 2 et 3.

Deuxième condition : Acquisition de *bonne foi* : Qu'est-ce que cela signifie ? — A quel moment la bonne foi est requise : 2269. — De la preuve en cette matière : 2268.

II. En quels cas on a recours à la prescription par *dix* ans et dans quels cas à celle par *vingt* ans : 2265 et 2266.

III. *Quid* de l'application de l'art. 2265 à l'acquisition de l'usufruit ou des servitudes réelles prescriptibles ? — 2264, 690 comb.

N° 3. — *Preuve de la durée de la possession avec les caractères légaux.*

Présomption posée par l'art. 2234.

N° 4. — *De l'accession des possessions.*

I. De quoi il s'agit ici.

II. Principe posé par l'art. 2235 et d'où résulte une situation différente à ce sujet, pour les successeurs *à titre universel* et pour ceux *à titre particulier* : détails sur ce point. Voy. 2237, 2238 et 2239.

CHAPITRE III.

DE LA PRESCRIPTION LIBÉRATOIRE.

Notion spéciale de cette espèce de prescription. Voy. 2219 et 2241. — Ses bases ; coup d'œil historique. Division du chapitre.

SECTION Ire. — QUELS DROITS PEUVENT ÊTRE PERDUS PAR PRESCRIPTION.

I. Examiner successivement ce qui regarde les droits de *créance ;* — les droits *réels* de diverses espèces, — et les droits purement *facultatifs.*

II. Rappel de ce qui a été dit plus haut sur la maxime *Quæ temporalia sunt ad agendum sunt perpetua ad excipiendum.*

SECTION II. — DURÉE DE LA PRESCRIPTION LIBÉRATOIRE.

Distinction entre les prescriptions *longues* et *courtes* : 2278. — Renvoi.

§ 1er. — *Prescriptions longues ou par* DIX ANS ET AU-DESSUS.

Diverses espèces de *longues* prescriptions.

No 1. — *Prescription trentenaire.*

I. Voy. 2262 appliqué aux actions personnelles.

II. Explication de l'art. 2263 sur les *titres nouvels* de rentes perpétuelles.

III. Voy. 2262, appliqué aux *actions réelles* : 2262, 617, 706.

No 2. — *Prescription décennale.*

I. Il faut procéder ici par énumération. Voy. 475, 1304, 2270 comb. avec 1792, etc.

II. *Quid* de cette prescription appliquée à l'extinction de l'usufruit et des servitudes en faveur d'un acquéreur du fonds, censé libre, par *juste titre* et avec *bonne foi?*

§ 2. — *Prescriptions courtes ou par* MOINS DE DIX ANS.

I. Divers cas et diverse étendue de ces prescriptions : 2271 à 2278.

1° Sur quoi elles reposent;

2° La preuve contraire par serment est admise, en général, contre elles : 2275 Voy. cep. 2277;

3° Ces prescriptions courent contre les incapables. Voy. 2278.

II. Etude spéciale et détaillée de l'art. 2277, qui est d'une application très usuelle.

CHAPITRE IV.

De l'interruption et de la suspension de la prescription acquisitive ou libératoire.

Notions comparées de l'*interruption* et de la *suspension*.

SECTION Ire. — DE L'INTERRUPTION DE LA PRESCRIPTION.

§ 1er. — CAUSES *ou* MODES *d'interruption*.

Aperçus généraux à ce sujet. — Division du §.

N° 1. — *De l'interruption* NATURELLE.

I. Explication de l'art. 2243.

II. Comment ce mode d'interruption s'applique aux deux espèces de prescription.

N° 2. — *De l'interruption* CIVILE.

I. Interruption provenant du fait du *propriétaire* ou du *créancier*.

Les art. 2244 à 2247, relatifs à ce point, exigent des détails assez minutieux.

II. Interruption provenant du fait de *celui qui prescrit*. Voy. à cet égard, l'art. 2248; rappel de 1352 et 2275.

N° 3. — *Spécialités sur l'interruption de quelques courtes prescriptions.*

Voy. 2274, § 2, dont il faut bien préciser l'étendue.

§ 2. — *Effets de l'interruption.*

I. Effet général de l'interruption.

II. A qui elle peut profiter ou nuire.

Voy. 2229, 2235, 1122, 2220, 1199, 2249, 1206, 2250, 709, 710, 1224.

III. L'interruption s'étend-elle d'une action à une autre action, même connexe?

SECTION II. — DE LA SUSPENSION DE LA PRESCRIPTION.

Aperçu général du sujet.

§ 1er. — *Causes de suspension tenant à l'*ÉTAT *de la personne du propriétaire ou du créancier.*

I. Rappel de l'art. 2251, déjà cité et qu'il faut examiner ici avec soin : il contient la règle générale ; elle ne concorde pas avec l'ancienne maxime, plus haut citée : *Contra non valentem agere*, etc.

II. Exceptions à l'art. 2251 :

1° Mineurs. Voy. 2252 ; voy. cep. 2278, 1663, 1667, etc.

2° Aliénés interdits : 2252 et 509 ; quant aux aliénés détenus dans un asile de santé ; voy. l. 30 juin 1838, art. 30.

3° Epoux entre eux : 2253.

4° *Quid* de la femme mariée? 2254 comb. avec 1304, 2255 et 2256.

§ 2. — *Causes de suspension provenant de la* nature du droit *sujet à la prescription.*

I. Droit de *créance*, soumis à une condition *suspensive* : 2257 ; action *en déclaration* ou *reconnaissance* des droits *réels* conditionnels.

II. Actions en garantie : 2257.

III. Créances à terme : 2257.

§ 3. — *Causes spéciales de suspension.*

I. Position respective des cohéritiers pour ce qu'ils doivent à la succession indivise.

II, Voy. 2258 § 1 cod. civ., comb. avec 996 proc.; 2258 § 2 et 2259 relatifs à l'héritier bénéficiaire et à une succession vacante.

CHAPITRE V.

Règles spéciales à l'usucapion des meubles.

N° 1. — *De la règle :* EN FAIT DE MEUBLES, LA POSSESSION VAUT TITRE.

I. Formule de la règle dans l'art. 2279 § 1.

II. Origine historique et motifs rationnels de la règle.

III. A quels objets mobiliers elle s'applique.

IV. Quel possesseur peut en profiter : 2279 § 1, comb. avec 1141 ; cas où le possesseur, même de bonne foi, est soumis à l'action en revendication d'un meuble par le propriétaire : 2279 § 2 et 2280.

N° 2. — *De l'usucapion des meubles hors des cas où l'art.* 2279 *est applicable.*

Diverses précisions à faire : combiner 2262 cod. civ. avec les art. 1, 566, §§ 1 et 2; 637 et 638 cod. inst. crim.

CHAPITRE VI.

De la non-rétroactivité des lois en matière de prescription.

Théorie générale à ce sujet : examen critique de l'article 2281 comparé à 691 § 2.

APPENDICE AU TITRE XX.

Courtes notions sur *les déchéances*, comparées à la *prescription*.

TITRE Ier. — DES SUCCESSIONS ET TITRE II. — DES DONATIONS ENTRE-VIFS ET DES TESTAMENTS.

Aperçus généraux devant précéder l'étude de ces deux titres et qui leur sont communs.

ÉTUDE SPÉCIALE DU TITRE Ier. — *Des successions légales*[1].

Diverses acceptions du mot *succession*.

CHAPITRE PRÉLIMINAIRE.

I. Légitimité de la transmission héréditaire.

II. Historique de la matière.

III. Esprit du Code civil sur ce point et ses principes généraux.

IV. Division du titre.

CHAPITRE Ier.

De l'ouverture des successions et de la capacité de transmettre ou de recueillir une succession.

(Corresp. aux chap. I et II du titre Ier).

§ 1er. — *Quand s'ouvre la succession d'une personne.*

Voy. 718 modifié par la loi du 31 mai 1854, 727; voy. aussi 120, 125, 129 à 132.

§ 2. — *Toute personne transmet-elle, en mourant, son patrimoine à ses héritiers?*

Intérêt seulement historique de la question; lois des 18 avril 1790 et 31 mai 1854. Comp. aussi art. 25 et 33 cod. civil.

§ 3. — *De la capacité requise pour succéder.*

I. De l'existence *naturelle*. Voy. 725 1° et 2° et 393.

II. De l'existence *civile*. Ceci n'a plus qu'un intérêt historique. Quant aux étrangers, voy. ancien Droit français; législation transitoire; Code civil (726 comb. avec 11); loi du 14 juillet 1819. Quant aux morts civilement, voy. 725, 25 cod. civ. et l. 31 mai 1854.

(1) L'explication des art. 844, 845, 891 et 874 est renvoyée à l'étude du titre II.

§ 4. — *De la preuve en cette matière.*

I. Preuve de l'*ouverture de la succession* et de *son instant*. Voy. art. 79.

II. Preuve de la *capacité* lors de l'ouverture.

1° A qui incombe la preuve des divers éléments de capacité ?

2° Moyens ordinaires de preuve ; *quid* des art. 312 et s. ?

3° De la question de survie entre plusieurs co-mourants, appelés ou non à se succéder réciproquement ; preuves de fait ; présomptions légales. Voy. 720 et suiv. et loi du 20 prairial an IV comb. avec 67 cod. pén.

§ 5. — *Du lieu où s'ouvre une succession.*

Voy. 110 et 822 cod. civ. ; 59 § 6 proc.

CHAPITRE II.

De l'ordre des successions.

Distinction entre les successions *régulières* ou *légitimes* et les *successions irrégulières*.

PREMIÈRE PARTIE.

ORDRE DES SUCCESSIONS *régulières* OU *légitimes*.

SECTION Ire. — APERÇUS GÉNÉRAUX ET PRÉLIMINAIRES.

I. Coup d'œil historique ; pays de droit écrit ; pays coutumiers ; loi du 17 nivôse an II.

II. Système général du code civil.

1° Voy. 731, 767, 748 à 750 et 753, 735 à 738, 733, 734, 732. — Renvoi des détails.

2° Théorie de la *représentation*; notion 739; base ; utilité; conditions requises : 744 § 1; 787, 740 à 742, 744 § 2; effets de la représentation.

SECTION II. — DIVERSES CATÉGORIES D'HÉRITIERS RÉGULIERS OU LÉGITIMES.

Il y a quatre classes d'héritiers réguliers. Voy. cep. 731.

§ 1. — *Des descendants.*

I. Voy. les art. 745 § 1, complété par 740, 333 et 330.
II. Rectifiez 745 § 2 : add. 743.
III. Mention des art. 913 et 914.

§ 2. — *Des frères et sœurs ou descendants d'eux.*

I. Il y a ici diverses situations à régler.
1° Voy. 742, 748, 749, 751 comb. avec 742, 743, 752 *in pr.*
2° Voy. 742, 750, 733, 752 *in fin.*, 743.
3° Voy. 742, 752, *in fin.*, 743.
II. Mention de 916 comparé à 913.

§ 3. — *Des ascendants, en présence d'autres parents que les frères et sœurs du défunt ou descendants d'eux.*

I. Cas où il y a des ascendants, *dans les deux lignes*, ainsi que des collatéraux, autres que des frères et sœurs ou descendants d'eux ; 733, 746, 753 *in. pr.* et 741

II. Concours entre ascendants *dans une seule ligne* et des collatéraux autres que les précédents, dans l'autre ligne : 753, 754.

III. Mention de l'art. 915.

§ 4. — *Des collatéraux, autres que frères et sœurs ou descendants d'eux.*

Voy. 753, 754, 755 et 742.

DEUXIEME PARTIE.

DE L'ORDRE DES SUCCESSIONS IRRÉGULIÈRES

Aperçu général : 723 et 724.

SECTION Ire. — DROITS HÉRÉDITAIRES DES ENFANTS HORS MARIAGE.

Aperçu historique : ancien droit ; législation transitoire : loi du 12 brumaire an II. Esprit du code civil. — Division de la section.

§ 1er. — *Droits des enfants simplement naturels.*

I. Système général du code à leur égard ; conditions et nature de leurs droits héréditaires : 756, 334 et suiv.

II. Règlement du concours entre les enfants naturels et les divers parents légitimes.

1° Base posée par l'art. 757.

2° Application au cas où il n'y a qu'un seul enfant naturel.

3° Application au cas où il y a plusieurs enfants naturels.

III. Cas où l'enfant n'est en concours avec aucun parent légitime, 758.

IV. De la représentation en cette matière — 759, 757, 740 et 742. —

V. Examen du droit de réduction *de la part de l'enfant naturel*, autorisée par l'art. 761.

§ 2. — *Droits des enfants adultérins ou incestueux.*

Voy. 762 et 763 comb. avec 335 et 342.

SECTION II. — DÉVOLUTION DE LA SUCCESSION DES ENFANTS HORS MARIAGE.

Aperçu historique.

§ 1er. — *Succession des enfants simplement naturels.*

I. Voy. 765 *in pr.* pour le cas où ces enfants laissent une postérité.

II. En l'absence de postérité, voy. 765 *in med.* et *in fin.* et 766.

§ 2. — *Succession des enfants adultérins ou incestueux.*

Les art. 765 et 766 sont-ils applicables ?

SECTION III. — DROITS DU CONJOINT SURVIVANT.

Ce qu'a *voulu* faire ici le code civil et ce qu'il a fait, *en réalité*, par suite d'une équivoque. — Voy. 767 comparé à l'ancien droit français.

SECTION IV. — DROITS DE L'ÉTAT.

Examen des art. 768 et 715 combinés.

APPENDICE AU CHAPITRE III.

DU DROIT DÉFÉRÉ PAR L'ART. 747 AUX *ascendants donateurs.*

Aperçu général et historique sur cette matière ; — l'explication de l'art. 747 exige de nombreux détails :

1° A quels ascendants appartient le droit consacré par cet article ?

2° A quel titre l'ascendant donateur exerce-t-il ce droit?

3° Conditions de cet exercice et ses effets.

4° Comparaison des art. 747, 351, 352 et 766.

CHAPITRE IV.

Effets *immédiats* **que produit l'ouverture d'une succession et** *suites ultérieures* **qu'elle peut avoir.**

SECTION Ire. — DE *l'acquisition* DES SUCCESSIONS PAR SUITE DE LA DÉLATION LÉGALE DU DROIT HÉRÉDITAIRE ; — DE *la saisine* ; — DE *l'envoi en possession.*

La matière de cette section est extrêmement importante : Voy. 711, 723 et surtout 724, comb. avec 757 et 758 ; — maxime : *le mort saisit le vif ;* — de *l'habile à succéder* (796) ; — de *l'acceptation* des successions (785, 777) et de la *renonciation ; — charges héréditaires ; — confusion des patrimoines* du défunt et de l'héritier ; — de la *pétition d'hérédité.*

SECTION II. — DE LA CONFIRMATION ET DE L'ANÉANTISSEMENT DU DROIT SUCCESSIF LÉGALEMENT DÉFÉRÉ ET ACQUIS.

(Corresp. au Chap. V et à une partie du Chap. II du Titre 1er.)

Généralités sur le sujet de cette section. — Division.

§ 1er. — *Confirmation ou anéantissement du droit successif par l'option du successible.*

I. Nul n'est héritier qui ne veut : 775, 781. — Renvoi de 782.

II. Cas où l'habile à succéder n'a pas besoin de renseignements spéciaux avant de prendre son parti.

III. Cas où il a besoin de s'éclairer et de délibérer : Voy. 819 à 821 ; — 795 à 800 ; — 769, 775, 779, 877, 2259 Cod. civ. et les art. 174 et 907 à 944 Proc.

IV. Division de ce §.

Art. 1er — *Confirmation du droit des* HÉRITIERS RÉGULIERS *par leur* ACCEPTATION.

I. Si les *héritiers réguliers* sont *saisis* de leur droit par la *délation légale*, quelle est l'*utilité* de leur acceptation ? Comb. 775, 777 et 785 ; — de l'*adition* d'hérédité : 779 *in med.*

II. Quelle est la valeur des actes que peut avoir faits ou consentis un héritier *apparent* ou *putatif*, entre l'*ouverture* de la succession et l'*époque* où se présente le véritable héritier ? — Matière grave et difficile : Voy. l. 25 § 17 *ff de petit. hered.*; Voy. 1599, 2182, 544, 724, 136, 132, 1240, 1575, etc.

III. Deux espèces d'acceptation : 774.

N° 1. — *De l'acceptation de* DROIT COMMUN OU PURE ET SIMPLE.

I. Elément *radical* de toute acceptation.

II. Deux manières de manifester l'intention d'accepter.

1° Acceptation *expresse* : 778 *in pr.*; 779 *in fin.*

2° Acceptation *tacite* : 778 *in fin.*, 796, 779, 780.

III. Effets juridiques de l'acceptation pure et simple.

IV. Capacité requise pour accepter, d'après les effets précédemment indiqués : 776, 461, 462, etc.

V. Irrévocabilité de l'acceptation : *semel hæres, semper hæres* : l. 88 *ff de hæred. instit.*, 783 *in pr.*, 1314 et 461 comb. : Voy. cep. 783 *in fin.* et 1167.

N° 2. — *De l'acceptation* EXCEPTIONNELLE, OU SOUS BÉNÉFICE D'INVENTAIRE.

I. Notion générale et nature du bénéfice d'inventaire : 802, 724, 777, 783 comb.

II. Ce mode d'acceptation est, en général, *facultatif* : Voy. cep. 461 et 782.

III. Conditions à remplir pour accepter bénéficiairement : 793, 794 et 801.

IV. Avantages que procure le bénéfice d'inventaire : 802 1° et 2°, Cod. civ.; 996, Proc.

V. Obligations et droits de l'héritier bénéficiaire par rapport au patrimoine de la succession.

Administration des biens; — pouvoirs de l'héritier sur l'actif héréditaire; — ses obligations; — application de l'actif au paiement des charges et dettes; — distribution du prix des biens aux créanciers, opposans ou non opposans; — compte à rendre par l'héritier bénéficiaire. Voy. 802 et suiv., Cod. civ.; 990 et suiv., Pr.

Appendice à l'art. 1er.

De la séparation des patrimoines, considérée comme modifiant les effets de l'acceptation.

Notions générales sur cette matière difficile ; bases sur lesquelles elle repose. Voy. 881. — Renvoi des questions *hypothécaires* qu'elle soulève. Voy. 2111.

I. Qui peut user du bénéfice de la séparation des patrimoines : 878, 2111 et 879.

II. Quand y a-t-il lieu d'en user?

III. Formes dans lesquelles la séparation des patrimoines peut être obtenue. — Jusques à quand? 2262 comb. avec 880 et 2111.

IV. Aperçu des effets généraux de la séparation des patrimoines.

V. De la séparation des patrimoines produite par le bénéfice d'inventaire.

Art. 2. — RÉPUDIATION *de la succession par les* SUCCESSIBLES RÉGULIERS.

I. Liberté des successibles à cet égard : 775. Voy. cep. 783 *in pr.*, 792.

II. Formes à suivre : 784 ; mention de 845. Voy. aussi 780, alin. 2 et 3.

III. Capacité requise : 776.

IV. Epoque depuis laquelle et jusques à laquelle l'on peut renoncer : 791. Interprétation de l'art. 789.

V. Effet *dévestitif* de la renonciation : 785. Voy. cep. 787 et 845.

VI. Effet *dévolutif* : 786. Du *droit d'accroissement* entre cohéritiers : il y a là bien des détails à examiner.

VII. De la rétractation, annulation, révocation d'une répudiation : 790, 462, 788, 1167, 792 et 1340.

Art. 3. — ACCEPTATION OU RÉPUDIATION *du droit successif par les* SUCCESSEURS IRRÉGULIERS.

Il faudra comparer ici la situation des successeurs irréguliers avec celle des héritiers réguliers, — s'occuper de l'envoi en possession que ceux-là doivent obtenir de la justice, à moins qu'il ne s'agisse d'enfants naturels, en concours avec des héritiers légitimes (724 *in fine*, 769 et suiv.), — et examiner comment ils peuvent renoncer à leur droit successif.

§ 2. — *Perte du droit successif à titre de* PEINE CIVILE, *ou* DE L'INDIGNITÉ D'HÉRITER.

Art. 1er. — *Notion et fondements de l'indignité.*

Art. 2. — *Causes légales d'indignité.*

L'art. 727 les limite à trois ; il faut examiner en détail chacune de ces causes, dont l'application présente plusieurs difficultés. Voy. aussi 728.

Art. 3. — *Comment les causes ci-dessus produisent l'indignité.*

Il faut un jugement : — Qui peut le provoquer, — quand, — et devant quel tribunal.

Art. 4. — *Effets de l'indignité prononcée.*

I Effet dévestitif.

II. Effet dévolutif : 786, 744 § 1, 730.

III. Quelles sont les suites de la jouissance et de l'administration des biens qu'a eues l'indigne jusqu'au jugement? 729. *Quid* des actes d'aliénation qu'il a consentis?

CHAPITRE V.

Des successions réputées vacantes.

I. Quand une succession est-elle réputée vacante? 811 cod. civ. et 998 Proc. — Différence avec la succession en *déshérence.*

II. Mesures à prendre en cas de *vacance* : *du curateur* à nommer alors : Voy. 812 et suiv. Cod. civ., 998 et suiv. *Proc.*

CHAPITRE VI.

Liquidation d'une succession.

(Corresp. au Chap. VI du Titre Ier.)

Aperçu général du sujet : — pas de difficulté, quand il n'y a qu'*un seul* héritier; mais il en est autrement quand il y en a plusieurs.

Ire Section. — LIQUIDATION *active* D'UNE SUCCESSION.

§ *Préliminaire.* — *Notions générales sur l'*indivision héréditaire et le partage.

I. Situation des cohéritiers tant que dure l'indivision : arg. 1696, 841, 775, 1220 et 832.

II. La loi n'aime pas l'indivision : Voy. 815; sens de l'imprescriptibilité de l'action en partage : Voy. 816, 2229 et suiv., 2262 comb.

III. Notion spéciale de la *licitation* : 827, 1686, l. 23 mars 1855, art. 1, 4° *in fine.*

IV. Partages *provisionnels* : 818, § 1 *in fine* et 840 *in fine.*

§ 1er. — *Des personnes qui ont droit de figurer dans un partage et entre lesquelles peut être exercée l'action en partage.* — Du retrait successoral.

I. Par qui et contre qui le partage peut, en général, être provoqué. Voy. 817, 465, 838 et 509, 840, 482, 484, 499, 513, 215, 818, 112, 130, 120, 136.

II. Position des créanciers de chaque co-héritier : 1166, 2205, 882.

III. Droits divers des créanciers héréditaires relativement aux opérations du partage : 806 cod. civ., 909 2°, 926 et suiv. proc.

IV. De l'acquéreur des droits successifs de l'un des cohéritiers. Voy. 841, *sur le retrait successoral.* Qu'est-ce? Qui peut l'exercer et contre qui? Formes, conditions et effets.

§ 2. — *Formation de la masse à partager.*

Différence selon que le défunt a fait ou non des dispositions gratuites (893), en faveur de quelqu'un de ses successibles. Renvoi des questions sur la *réserve* et la *quotité disponible.*

Art. 1er. — *Masse partageable en l'absence de toute disposition gratuite en faveur d'un successible.*

Règles générales : — ***Fructus augent hæreditatem*** : en quel sens?

Art. 2. — *Masse partageable dans le cas où le défunt a fait une libéralité à quelqu'un des successibles.*

Aperçu général du sujet; distinction entre les biens *extans* et les biens à *rapporter*.

N° 1. — *Notions théoriques et historiques sur le* RAPPORT A SUCCESSION.

Voy. Ulp., frag., lib. 2. Inst. — *ff. de collat. bonor.* — Ancien droit français ; — l. du 17 nivôse an II. — Système du code civil à ce sujet : 843, 865, 868 ; — dons et legs *en avancement d'hoirie* (511), ou *par préciput* et *hors part*.

N° 2. — *Quand l'obligation de rapporter prend naissance.*

Voy. 850, 856, 846.

N° 3. — *Conditions requises pour qu'on soit tenu au rapport.*

I. Théorie générale à ce sujet.

II. Applications de détail.

1° Successible venant à la succession. Voy. 843, 857, 845, 727, 462 et 782.

2° Successible ayant reçu du défunt un avantage gratuit. Voy. 853, 854, 847, 848 et 849, 852.

3° Absence de dispense de rapporter : 843 *in fin.*, 919, 852.

N° 4. — *Qui peut exiger le rapport.*

Voy. 857 et 843 comb. — Add. 1166.

N° 5. — *Comment se réalise le rapport et quelles sont ses conséquences.*

I. Rapport des dons.

1° Notion des deux espèces *de rapport* : 858.

2° Quand on doit appliquer chacune d'elles et ses effets divers ; — 859 et suiv., *ad.* 869.

3° Des variations de valeur de la chose à rapporter depuis l'époque du don : 861 à 864.

4° *Quid* des *fruits* de la chose ? 856.

II. Rapport des legs.

Il y a ici quelques précisions à faire.

N° 6. — *Causes faisant cesser l'obligation du rapport pour des dons d'ailleurs rapportables.*

Voy. surtout l'art. 855 comb. avec 858 et 868 ; — *quid* en cas d'incendie d'un immeuble assuré ?

Appendice à l'article 2.

I. De l'*imputation* que doit subir quelquefois l'enfant naturel : 760.

II. Du *rapport des dettes* que le défunt peut avoir payées pour l'un de ses successibles. Voy. 851 *in fin.*, 829.

§ 3. — *Formalités du partage.*

Deux formes de partage.

I. Partage *amiable* : 819 1°, 816 et 1341.

II. Partage *judiciaire*.

1° Dans quels cas il doit être employé : 838, 823 Cod. civ., 984, 985 Proc.; — interprétation de l'art. 840 *in fine*, rapproché de 1125.

2° Les formes du partage en justice sont réglées par les art. 821 et suiv. Cod. civ., complétés par le Code de procédure, tel que l'a modifié la loi du 21 juin 1841 (2e partie, liv. 2, tit. VII); — les détails du sujet appartiennent au cours de procédure : on n'en donnera ici qu'un rapide aperçu.

§ 4. — *Des effets et suites du partage.*

Art. 1er. — *De l'effet général du partage.*

I. Cessation de l'indivision et son remplacement par un droit exclusif sur tels ou tels objets héréditaires.

II. Caractère juridique de cette opération.

1° Théorie rationnelle.

2° Théorie romaine : l. 6 § 8, *ff. comm. divid.* Voy. cep. l. 21 *ff. de usu et usufr. legato.*

3° Théorie française : *le partage est déclaratif et non attributif* : Voy. 883. — Conséquences ; — limites que reçoit l'application de cette règle ; — *Quid* par rapport aux créances héréditaires ? Voy. 832 et 1220.

III. Effets de la licitation : 883, l. 23 mars 1855, article 1er 4°.

Art. 2. — *De la garantie entre co-partageants.*

Fondements de l'obligation de garantie en cette matière.

I. De la garantie à l'occasion des objets héréditaires autres que des créances.

1° Causes y donnant lieu : 884.

2° A quoi oblige la garantie : 885, 2103 et 2109 : renvoi.

3° Mode d'exercice de la garantie : 175 Proc., 1640 et 822 Cod. civ.

4° Prescription : 2262 et 2257.

II. Garantie à l'occasion des créances héréditaires.

1° L'art. 884 est encore la règle et non les art. 1693 et 1694.

2° Cas spécial réglé par l'art. 886.

§ 3. — *De l'annulation et de la revision des partages.*

Aperçu général et esprit de la loi à ce sujet.

I. Cas de partage inexistant, malgré les apparences; — ce qui en résulte.

II. Cas où le partage est seulement annulable.

L'art. 887 § 1 ne parle que de la violence et du dol; — *Quid* de l'erreur? — *Quid* des vices d'incapacité et d'inobservation des formes? 840 *in fine*, 1125, 1314.

III. De la rescision pour cause de lésion : 887 § 2 compar. à 1118.

1° Quotité de la lésion : 887 § 2 ; — son appréciation, 890 ;

2° Interprétation des art. 888 et 889.

IV. Tribunal compétent : 822 Cod. civ., 59 Proc.

V. Fins de non-recevoir : 1338, 1115, 1304, 892 et 891.

VI. Effets de l'annulation ou de la rescision prononcée.

VII. Rappel des art. 1167 et 882.

SECTION II. — LIQUIDATION *passive* D'UNE SUCCESSION.

Bona intelliguntur quæ deducto ære alieno supersunt : L. 39 § 1 *ff de verb. sing.* — Mention de l'art. 877.

I. Cas où la succesion n'est déférée qu'à un seul héritier.

II. Cas où il y a plusieurs successibles.

Distinction entre la *contribution* et *l'obligation aux dettes*.

1° *Contribution aux dettes* : 870, 1134, 872.

2° *Obligation aux dettes*.

Division des dettes : 1220 et 873 ; exceptions à cette division : 1221 1° et 873 *in fine* comb. — Recours accordé au co-héritier qui s'est trouvé tenu, par exception, à payer au créancier au-delà de sa part contributoire : 1251 § 3, 884, 1221, 1225, 875 et 876. Voy. spécialement l'art. 872.

Comment est réglée l'*obligation* aux dettes quand la succession est déférée tout ensemble à des héritiers réguliers et à des enfants naturels venant en concours avec les premiers ?

III. De la contribution et de l'obligation aux dettes dans le cas de l'art. 747.

IV. Renvoi, au titre *des donations et testaments*, de ce qui concerne la contribution et l'obligation aux dettes de la part des *légataires* de diverses espèces.

APPENDICE A LA SECTION II.

On placera ici quelques détails pratiques sur le payement des *droits de mutation* à suite de *successions légales*.

Etude spéciale du titre II. — Des donations et testaments [1].

APERÇUS PRÉLIMINAIRES.

I. Légitimité du droit de disposition gratuite des biens : 544, 711 ; mais *nemo liberalis, nisi liberatus*. Voy. 1167, 857, 1922, 1009, 1024 comb.

II. Circonstances accompagnant l'exercice de ce droit.

III. Rôle de la loi positive.

[1] Les art. 844, 845, 874, 1339 et 1340, sont intercalés dans l'explication de ce titre.

IV. Etude historique sur les divers modes de disposition gratuite successivement autorisée par les lois ; ord. de février 1731 et d'août 1735. — Esprit du Code civil à ce sujet.

V. Division du titre.

CHAPITRE Ier.

Dispositions générales.

Contenu et division de ce chapitre.

Section Ire — DIVERS MODES DE DISPOSER A TITRE GRATUIT.

I. Commentaire des art. 893, 894 et 895.

II. Ces articles n'excluent pas les libéralités *indirectes* permises : 1282, 1121, 1973, arg. 780, 786, etc. *Quid* de l'ancienne *donation à cause de mort?*

Section II. — DES *conditions* ET *charges* QUI PEUVENT, EN GÉNÉRAL, ÊTRE OPPOSÉES OU IMPOSÉES A UNE LIBÉRALITÉ.

I. Liberté du disposant à cet égard.

II. Restrictions de cette liberté d'après les art. 896 à 900.

§ 1. — *Des conditions impossibles et des conditions contraires aux lois ou aux mœurs.*

Voy. l'art. 900 comparé à 1172, et combiné avec 901 et 1131.

§ 2. — *Des substitutions.*

Notion générale de la *substitution* ; ses diverses espèces en Droit romain ; *Inst.* lib. 2, tit. XV et XVI, XXIII et XXIV : Code civil : 896 § 1, rapproché de 898 qui autorise la substitution *vulgaire* et qui ne dit rien de la substitution *pupillaire*. L'art. 896 ne concerne que la *substitution fidéicommissaire* et il la *prohibe* : ceci mérite de nombreux détails.

N° 1. — *Historique du sujet.*

Droit romain ; ancien Droit français : ord. de 1553, 1560 et 1747 ; législation transitoire : l. 14 août 1792. Code civil :

896 §§ 1 et 2; règles d'interprétation; observations terminologiques.

N° 2. — *Commentaire de l'art. 896.*

I. Prohibition des substitutions : 896 §§ 1 et 2 *in pr.* Il faut bien distinguer les clauses contenant ou non, malgré les apparences, une substitution prohibée : il y a *quatre éléments* indispensables à constater : exemples. — Voy. 899.

II. Sanction de la prohibition : 896 § 2 *in fine.*

III. Exceptions à la prohibition : 897, 1048 et suiv.; lois du 17 mai 1826 et du 10 mai 1849. — Renvoi.

Un mot sur *les majorats* : 896, § 3, lois des 12 mai 1835 et 10 mai 1849. Voy. cep. l. 10 mars 1857.

CHAPITRE II.

De la capacité de disposer et de recevoir par donation entre vifs ou par testament.

Objet spécial de ce chapitre : *Capacité de droit* ou *aptitude*, distincte de la *capacité de fait* ou d'*action*, qui est l'*exercice* de l'*aptitude.* — Règle générale de l'art. 902 : idée générale des incapacités *absolues* et *relatives.*

SECTION Ire. — DES INCAPABLES DE DISPOSER ENVERS QUI QUE CE SOIT.

§ 1er. — *Incapables de* donner *et de* tester.

I. Des insensés : — art. 901 : interprétation importante de cet article, combiné avec 502, 504 et 489. — De la captation ; des dispositions *ab irato.*

II. Des mineurs de moins de seize ans : 903.

III. Des condamnés à une peine perpétuelle : — l. du 31 mai 1854, art. 3 et 4 § 1.

§ 2. — *Incapables de* donner *et non de* tester.

Voy. 499, 513, 904 *in pr.*, 905 comb. avec 217, 218 et 219 Cod. civ.; 29 Cod. pén. *Quid* du sourd-muet ?

§ 5. — *Incapables de tester et non de donner.*

Voy. 903, 1095 et 1398 comb. ; — comparez aussi 970 et 976 avec 972.

SECTION II. — DES INCAPABLES DE RECEVOIR DE QUI QUE CE SOIT.

I. Des condamnés à une peine perpétuelle. Voy. l. 31 mai 1854, art. 3.

II. Individus non encore conçus ou qui ne naissent point viables : 906. Voy. cep. 1048 et suiv., 1082 et suiv.

III. Des *personnes incertaines* : — précisions à cet égard.

IV. Situation des *personnes morales* ou *juridiques* : 910 et divers décrets et lois administratives.

V. L'art. 912, concernant les étrangers, est abrogé par la loi du 14 juillet 1819.

SECTION III. — INCAPACITÉ DE DIVERSES PERSONNES POUR FIGURER *ensemble* DANS LE MÊME ACTE GRATUIT, L'UNE COMME *disposant*, L'AUTRE COMME *bénéficiaire*.

Caractère général de cette incapacité.

I. *Du tuteur ou ci-devant tuteur*, par rapport aux libéralités que peut lui faire son pupille ou ci-devant pupille. — Voy. 907, 450, 469, 472. — Exceptions : 907 § 3, 475.

Quid d'un ci-devant interdit donnant à son ci-devant tuteur ?

II. Des *médecins*, *pharmaciens*, etc., gratifiés par leurs malades. Art. 909. — Observations de détail sur la prohibition et les exceptions qu'elle reçoit.

III. *Des ministres du culte* gratifiés aussi par des malades. — Art 909 § *fin*.

IV. Voy. aussi le cas de l'art. 997.

V. *Quid* des libéralités entre concubins ? 902 comb. avec 1382, 901, 1131.

SECTION IV. — SANCTION DES RÈGLES PRÉCÉDENTES.

I. L'art. 911 *in pr.* la prononce.

II. Des incapacités déguisées sous une *interposition de*

personnes, ou *sous la forme* des actes : 911 § 1, 1515, 1516, 1348, 1555 ; — des personnes *légalement* présumées être interposées : 911 § 2, 1352 § 1.

APPENDICE AU CHAPITRE II.

De quelques restrictions apportées au droit de disposer envers certaines personnes, d'ailleurs capables de recevoir du disposant.

I. Il s'agit ici non d'*incapacité*, mais d'*indisponibilité* relative : différence et conséquences pratiques.

II. Cas d'application :

1° Voy. 908 comb. avec 334, 341, 342, 757, 758, 762 et 911.

2° Voy. l'art. 5, alinéa 1, de la loi du 24 mai 1825.

CHAPITRE III.

Des biens qui peuvent, en général, être l'objet d'une disposition gratuite, et de la *portion de biens disponible*, **quand on laisse des** *héritiers à réserve*.

PREMIÈRE PARTIE.

QUELS BIENS PEUVENT ÊTRE, EN GÉNÉRAL, L'OBJET D'UNE DISPOSITION GRATUITE.

I. Biens dans le commerce ; — legs désignés en Droit romain sous les noms de legs *nominis* (instit. *de legatis*, § 21), *liberationis* (§ 13) et *debiti* (§ 14).

II. Certains biens ne peuvent être *donnés ;* — d'autres ne peuvent être *légués ;* — d'autres enfin ne peuvent être *ni donnés, ni légués* ; — *Quid* de la *chose d'autrui?* Voy. 938, 711, 1138 et 1021, dont il faut surtout bien préciser la portée.

DEUXIÈME PARTIE.

DE LA PORTION DE BIENS DISPONIBLES QUAND ON LAISSE DES HÉRITIERS A RÉSERVE.

Aperçus généraux et préliminaires.

N° 1. — *Théorie du sujet.*

N° 2. — *Notions historiques.*

Indispensable nécessité de ces notions.

I. Droit romain : — règles principales sur la *légitime* (instit. *de inoffic. test. pr.* et §§ 1, 3 et 6 ; nov. 18, cap. 1, et nov. 115, cap. 3 et 4).

II. Ancien droit français.

1° Légitime des *pays de droit écrit.*

2° *Pays coutumiers* : *légitime coutumière* et *réserve coutumière* : — nature et relations de ces deux institutions.

3° Comparaison des règles juridiques, admises dans les deux divisions de l'ancienne France, sous ce rapport.

III. Législation transitoire : lois du 17 niv. an II, et du 4 germinal an VIII.

N° 3. — *Système général du Code civil.*

I. Bases du système du code.

II. Mesure de la *réserve* moderne.

III. A qui la quotité disponible peut être donnée : 919.

IV. Sanction générale de la limite du disponible, en cas d'excès ; — à quelle époque cette sanction peut-elle être appliquée ?

V. Division de la matière en trois sections.

SECTION Ire. — DE LA QUOTITÉ DISPONIBLE ET DE LA RÉSERVE DANS LES CAS ORDINAIRES.

Observations générales et très importantes sur la vocation à la réserve, — les ordres des réservataires, — et l'effet des renonciations individuelles ou collectives des réservataires de divers ordres.

§ 1er. — *Cas où le défunt ne laisse ni descendants ni ascendants.*

Voy. 916.

§ 2. — *Cas où le défunt laisse des descendants.*

I. La règle est dans les art. 913, 914 et 917.

II. Quels enfants ou descendants *font nombre* pour fixer la portion disponible.

§ 3. — *Cas où le défunt laisse des ascendants seuls ou avec des collatéraux*

I. Vocation des ascendants : 915 § 1.

II. Condition de leur droit à une réserve : 915 § 2 comb. avec 748, 749, 746, 753 et 750 : ceci soulève bien des difficultés.

Appendice aux §§ 2 et 3.

De l'enfant naturel reconnu et de ses père et mère.

La question de la réserve ne doit pas être résolue de la même manière pour ces diverses personnes.

SECTION II. — DE LA QUOTITÉ DISPONIBLE ET DE LA RÉSERVE DANS DIVERS CAS EXCEPTIONNELS.

§ 1er. — *Des cas où le disposant est mineur de vingt-un ans, mais majeur de seize ans.*

Observation préliminaire sur la nature des règles relatives à ce cas.

I. Voy. 904. — *Quid* si le mineur qui a disposé ne meurt qu'en majorité ?

II. L'application de l'art. 904 présente de sérieuses difficultés, dans les cas de concours d'un légataire de la quote disponible avec des ascendants réservataires et des collatéraux, appelés avec eux à la succession légale.

§ 2. — *De la portion disponible entre époux.*

Il s'agit d'expliquer les art. 1094, 1098, 1099 et 1100, dont l'intérêt pratique est très grand.

Art. 1er. — *Du disponible entre époux, lorsque le conjoint dispos. laisse à son décès aucun descendant issu d'un précédent mariage.*

L'art. 1094, relatif à cette situation, exige plusieurs explications.

N° 1. — *Etendue de la disponibilité envers le conjoint.*

I. Cas où l'époux ne laisse aucun descendant, ni ascendant : 916.

II. Cas où l'époux ne laisse que des ascendants : 1094 § 1, comb. avec 915.

III. Cas où l'époux laisse de son mariage un ou plusieurs enfants ou descendants.

N° 2. — *Interprétation de quelques formules usitées en cette matière.*

N° 3. — *Du concours entre la quotité spéciale de l'art. 1094 et celle du droit commun.*

La combinaison de ces deux quotités peut se présenter dans diverses circonstances qui appellent des solutions différentes : cette partie du sujet exige une grande attention, soit à cause de son importance pratique, soit à cause des controverses qu'elle a suscitées.

Art. 2. — *Du disponible entre époux, quand le disposant laisse à son décès des descendants issus d'un précédent mariage.*

I. Théorie rationnelle de la matière; coup d'œil historique l. 3 (*fœminæ quæ*), l. 5 (*generaliter*), et l. 6 (*hâc edictali*) Cod. *de secund. nupt.*; édit *des secondes noces*, de juillet 1559.

II. L'art. 1098 a remplacé ces diverses dispositions : il exige un commentaire détaillé.

Art. 3. — *Sanction prononcée par les art. 1099 et 1100 contre la violation des règles précédentes.*

I. La comparaison entre les deux paragraphes de l'art.

1099 donne lieu à une sérieuse difficulté d'interprétation.

II. Comparez aussi 1100 et 911.

§ 3. — *De la réserve et de la quotité disponible dans le cas des art. 747 et 915 combinés.*

Tous les détails qu'exigerait cette situation spéciale dépasseraient la portée d'un cours élémentaire : on n'en examinera que les principaux.

SECTION III. — RÈGLES CONCERNANT LA LIQUIDATION D'UNE SUCCESSION LORSQUE LE DÉFUNT LAISSE DES HÉRITIERS A RÉSERVE ET QU'IL A FAIT DES DISPOSITIONS GRATUITES.

Double opération à faire.

§ 1er. — *Calcul de la quote disponible ; maintien ou réduction des libéralités.*

Indication des divers éléments de cette opération importante.

N° 1. — *Composition et appréciation du patrimoine d'après l'art. 922.*

I. Consistance des biens extans au décès et rapport *fictif* des biens donnés entre-vifs ; détails sur ce rapport fictif.

II. Estimation des biens.

III. Déduction des dettes.

N° 2. — *Détermination de la quote disponible.*

N° 3. — *Comparaison de la quote avec les biens donnés ou légués.*

I. Quels dons ou legs sont imputables sur la portion disponible.

II. Résultats divers de la comparaison.

N° 4. — *Règles spéciales à la réduction des libéralités excessives.*

I. Dans quel ordre les libéralités excessives sont réductibles : 923 § 1, 925, 926.

II. Qui peut exiger la réduction : l'art. 921 parle des donations ; mais que décider par rapport aux legs?

III. Comment, en fait, se réalise la réduction suivant l'objet de la libéralité ? Voy. notamment 924 comparé à 866, des *comptes de fruits* (928) ; des *améliorations* ou *dégradations* ; sort des *aliénations* (930 et 2279), ou *concessions de droits réels* (929) consenties par le donataire réduit.

IV. De la prescription en cette matière : 2262, 2265 et 2257.

V. Comparaison entre la *réduction* et le *rapport*.

Appendice au § 1er.

I. Explication spéciale des art. 917 et 918, qu'il faut restreindre aux hypothèses qu'ils ont eu pour but déterminé de régler.

II. De la réduction des libéralités faites en violation, non du droit des réservataires, mais des règles de l'*indisponibilité* relative.

§ 2. — *Comment et sur quels biens chacun des ayants-droit, réservataires ou gratifiés de la portion disponible, est* RÉELLEMENT *payé de ce qui lui revient.*

Les règles de ce § sont toutes pratiques et devront être appliquées à des exemples, correspondant tantôt à l'hypothèse où les libéralités, faites par le défunt, sont *exclusivement imputables sur la quote disponible*, tantôt à celle où il y a eu, en outre, des *dons en avancement d'hoirie*.

APPENDICE A LA SECTION III.

Interprétation de l'art. 845.

Cet article est relatif au cas où un successible, donataire ou légataire sans dispense de rapport, renonce à la succession pour s'en tenir à son don ou à son legs. — Vive controverse ; détails historiques, théoriques et pratiques.

CHAPITRE IV.

Règles spéciales aux donations entre-vifs.

APERÇUS GÉNÉRAUX ET PRÉLIMINAIRES.

I. Rappel de la notion de la donation : 894.

II. Caractériser la *gratuité* qui fait la base de toute donation, ainsi que l'*acceptation* qui en est requise: 932.

III. Sens des mots : *dépouillement actuel* et *irrévocable* de l'art. 894. Règle : *donner et retenir ne vaut.*

SECTION Ire. — CONDITIONS DE VALIDITÉ DES DONATIONS EN GÉNÉRAL.

Outre les conditions ordinaires de validité des contrats, applicables ici, sous quelques modifications, il y a des règles de validité qui sont propres aux donations.

I. Forme solennelle : Voy. 931, lois du 25 vent. an XI et du 21 juin 1843. — *Quid* des *dons indirects* et des *dons déguisés* sous la forme d'*un contrat à titre intéressé?*

II. *Acceptation spéciale des donations.*

Quand, — par qui, — et dans quelle forme cette acceptation peut ou doit être faite. Voy. 932, 934, 217, 219, 463, 935, 499, 513, 936, 937.

III. Des procurations pour faire ou pour accepter une donation : 933 et loi du 21 juin 1843.

IV. Des biens qui peuvent faire la matière spéciale d'une donation entre-vifs.

Observation sur les *faits* ou *abstentions* promis gratuitement; *choses* à donner : 943. Voy. cep. 947. — Sens des mots *biens présens*; sanction de la règle : 943 *in fine.*

V. Règles spéciales aux donations d'*effets mobiliers.*

1° Dons manuels ;

2° Dons constatés par écrit : outre l'art. 931, voy. l'article 948 exigeant un *état énumératif et estimatif* : Détails à ce sujet. Voy. 894, 868, 921, etc.

APPENDICE A LA SECTION Ire.

De la ratification des donations NULLES en la forme.

Explication des art. 1339 et 1340, du titre *des contrats et obligations*.

SECTION II. — DES MODALITÉS, CONDITIONS, CLAUSES ET CHARGES QUI PEUVENT OU NON ÊTRE INSÉRÉES DANS UNE DONATION ENTRE VIFS.

I. Du *terme* apposé à une donation.

II. *Des conditions.*

1° Rappel des règles générales posées sur l'art. 900.

2° La condition n'est pas en opposition avec la définition de l'art. 894.

3° Voy. cep. l'art. 944 comparé à 1174.

4° De la condition de survie du donateur, stipulée comme clause *résolutoire* : droit de *retour conventionnel* ; 951 et 952 comp. à 747 : détails sur ce sujet.

III. Des donations *modales* ou avec *charges* imposées au donataire.

IV. Des réserves d'usufruit sur les biens donnés ; 949, 600 et 601, 950 complété par 1147, 1148 et 1302.

V. De la réserve de disposer de certains objets compris dans la donation, ou d'une somme à prendre sur les biens donnés : 946.

SECTION III. — DES EFFETS DE LA DONATION ENTRE VIFS.

§ 1er. — *De l'effet* translatif de propriété.

N° 1. — *Translation de propriété entre le donateur et le donataire.*

I. Règle générale : voy. 938 et 1158 comb.

II. Conséquences à en tirer quant à l'*époque* à laquelle est requise la capacité de donner ou de recevoir entre vifs.

N° 2. — *Translation de propriété par rapport aux tiers.*

I. Quant aux meubles corporels ou valeurs au porteur : voy. 2279 § 1.

II. Quant aux créances ordinaires : voy. 1690.

III. Quant aux immeubles, la *transcription* de la donation sur des registres publics est nécessaire. Voy. 939 à 942 comp. à la loi du 23 mars 1855, art. 11 § *ult.*

But de la *transcription*, comparée à l'ancienne *insinuation des donations* ; — quelles donations y sont soumises ; — ses formes ; — à la diligence de qui elle doit avoir lieu ; — ses effets et ceux de son omission.

§ 2. — *Des effets* obligatoires *de la donation entre vifs.*

I. Obligations du donateur ; — *quid* de la *garantie?*

II. Obligations du donataire.

1° Charges spéciales qui lui ont été imposées. Voy. 945.

2° Du devoir de gratitude et de l'obligation alimentaire. Arg. 955, 955 ; renvoi.

3° *Quid* du paiement des dettes ?

4° Droits d'enregistrement et de transcription à payer.

SECTION IV. — DES EXCEPTIONS A LA RÈGLE DE L'IRRÉVOCABILITÉ DES DONATIONS ENTRE VIFS.

Aperçus généraux et historiques sur ce sujet : Instit. *de donat.*, § 2 *in fin.*; loi 8 (*si unquam*), Cod. *de Revoc. donat.* — Ord. de février 1731. — Cod. civ., art. 753.

§ 1er. — *De la révocation pour cause d'*inexécution *des* conditions *ou* charges.

I. Voy. 953 rapproché de 1184.

II. Comment alors est opérée la révocation : 956, 1184, 1656 et 1139.

III. Ses effets : 954, 2265, 446 *in pr.* et 549.

§ 2. — *De la révocation pour cause d'*ingratitude *du donataire.*

I. Quelles donations sont sujettes à cette cause de révocabilité.

II. Cas limités d'ingratitude : 955.

III. Comment la révocation est-elle alors opérée ? 956 ; — délai, 957 § 1 ; — qui peut agir et contre qui, 957 § 2 ; — publicité de la demande, 958 *in med.*

IV. Effets de la révocation tant contre le donataire que contre les tiers : 958.

§ 3. — *De la révocation pour cause de* survenance d'enfant.

Ceci est réglé par les art. 960 et suiv., qui doivent être étudiés avec soin.

I. Circonstances requises pour que cette cause de révocation soit applicable : voy. 960 et 961.

II. Quelles sont les libéralités entre-vifs qui y sont sujettes : voy. 960.

III. Comment s'opère alors la révocation : voy. 960, 964 *in pr.* et 965.

IV. Dans l'intérêt de qui est-elle censée opérée ? 964 *in med.*

V. Effets de la révocation soit entre les parties, soit à l'égard des tiers : 962 *in fine*, comp. à 928, 2279, 963 comp. à 952.

VI. Comment la révocation peut-elle être réparée ? 964 ; — de la prescription en cette matière, 966 comp. à 2265.

Question commune aux trois §§ précédents.

Lorsque, dans le cas de donations *mutuelles*, une cause de révocation a atteint l'une d'elles, quel est le sort réservé à l'autre ?

CHAPITRE V.

Règles spéciales aux dispositions testamentaires.

APERÇUS GÉNÉRAUX.

I. Rappel de la notion du testament : 895.

II. Quoique l'effet du testament soit retardé jusqu'au *décès* du testateur, l'époque de la *confection* de l'acte n'est pas indifférente.

III. En quels sens la disposition testamentaire doit être l'œuvre *personnelle* du testateur ; — de la *faculté d'élire.*

IV. Prohibition des testaments conjonctifs : 968.

V. Division du chapitre.

PREMIÈRE PARTIE.

DES FORMES DU TESTAMENT.

I. Des formes du testament, en général, et de leur rigueur : 1001 ; — règles sur la preuve de la *régularité* d'un testament ; — clauses protectrices d'un testament irrégulier.

II. Il y a des formes *ordinaires* et des formes *exceptionnelles* de testament.

SECTION Ire. — FORMES ORDINAIRES DU TESTAMENT.

Voy. 969 ; — prohibition du testament verbal.

§ 1. — *Du testament olographe.*

I. Caractère général de cette forme de testament, et foi qui lui est due d'après l'art. 970, comb. avec 999, 1324 et 1322 ; — l'art. 1328 n'est pas ici applicable.

II. Détail des formes du testament olographe : ceci exige plusieurs observations :

1° Ecriture du testament.

2° Sa date.

3° Sa signature.

III. Qui peut ou non user de cette forme de tester.

§ 2. — *Du testament par acte public ou notarié.*

Observations générales sur cette forme de testaments : 971 à 975 et 980 ; — rôle de la loi du 25 ventôse an XI et de celle du 21 juin 1843.

I. Des personnes qui coopèrent à donner l'*authenticité* à ce testament.

1° Voy. 971 comparé à l'art. 9 de la loi de ventôse an XI.

2° Quant à la capacité des notaires : Voy. art. 5, 6, 8, 10 et 68 de la loi du 25 ventôse.

3° Pour les témoins : Voy. 980 et 975.

II. Formalités proprement dites, requises pour la validité du testament public ; — elles se rapportent à *quatre* points différents ; — Voy. 972 §§ 1 et 2 ; — 972 § 3 ; — 973 et 974 ; — 972 *in fine*.

III. De la foi due au testament public : 1319.

IV. Qui peut ou non user de cette forme de tester.

§ 3. — *Du testament mystique ou secret.*

Notion et origine de cette forme de testament : Voy. l. 21 (*Hâc consultissimâ*), Cod. *de testamentis*.

I. Les règles relatives à la confection de ce testament regardent les trois points suivants :

1° La rédaction des dispositions elles-mêmes : 976, 978 et 977.

2° Les garanties de secret et d'inviolabilité : 976.

3° Les garanties de conservation : 976, 977, 980 et loi du 25 vent. an XI.

II. Quelle est la date proprement dite du testament mystique ?

III. Foi qui est due à ce testament.

IV. Qui peut ou non user de cette forme de tester. Voy. 979.

Appendice aux §§ 1 et 3.

De l'ouverture et du dépôt officiel des testaments olographes ou mystiques.

Voy. 1007 ; — Renvoi de 1008.

Section II. — Règles particulières pour la forme de certains testaments.

Les art. 981 et suiv. jusqu'à 1001 s'occupent successivement :

1° Du testament militaire.

2° Du testament fait dans un pays avec lequel les communications sont interdites, pour cause de maladie contagieuse.

3° Du testament fait en mer.

4° Du testament fait par un *Français* en *pays étranger*, ou par un *étranger* en *France*.

5° Du testament, fait en pays étranger, par un étranger : — ses effets sur les biens qu'il possédait en France.

DEUXIÈME PARTIE.

RÈGLES PRINCIPALES SUR LES DISPOSITIONS QUE PEUVENT CONTENIR LES TESTAMENTS ET SUR LEURS EFFETS.

(Corresp. aux sect. 3, 4, 5 et 6 du chap. V du tit. II.)

APERÇUS GÉNÉRAUX.

I. Ce que peut contenir un testament.

II. Il n'y a pas de formule obligatoire pour exprimer la volonté du testateur ; — observation pratique à ce sujet.

III. De l'interprétation des dispositions testamentaires.

IV. L'institution d'un héritier n'est plus nécessaire pour la validité du testament : comp. § 34 Instit. *de legatis* et les art. 967 et 1002.

V. Trois espèces de legs et leur notion spéciale : 1002, 1003, 1010.

VI. Division du sujet en deux sections.

SECTION Ire. — RÈGLES SPÉCIALES A CHAQUE ESPÈCE DE LEGS.

§ 1er. — *Du legs universel.*

Rappel de la notion de ce legs : 1003. — Il faut examiner successivement les *droits* et les *obligations* du légataire universel.

Art. 1er. — *Droits du légataire universel.*

I. Position du légataire universel quand le défunt a laissé des héritiers à réserve qui acceptent la succession.

1° Objet du legs universel.

2° Délivrance du legs ; — sa nécessité : 1004 et 1005 ; — formes de la *demande* en délivrance et de la *délivrance* elle-même ; — partage de la succession.

II. Position du légataire universel quand il n'y a point de réservataires acceptant la succession : Voy. 1006.

1° De la *saisine* du légataire dans ce cas.

2° De l'envoi en possession requis lorsque le testament est *olographe* ou *mystique*. Voy. 1008 : ceci exige plusieurs détails et soulève une grave question sur le point de savoir à qui incombe la charge de la vérification ou de la contestation de l'écriture du testament après l'envoi en possession.

Art. 2. — *Obligations du légataire universel.*

Ceci doit être étudié par rapport aux *dettes et charges* héréditaires et par rapport aux autres *legs*.

I. Dettes et charges de la succession.

1° L'obligation du légataire universel varie selon qu'il est seul, ou appelé en concours avec des héritiers à réserve. Voy. 1009 *in pr.* et 873.

2° Quelle que soit la quotité de l'obligation, existe-t-elle, dans les deux cas, *ultrà vires hæreditatis*? — Du bénéfice d'inventaire en cette matière.

3° Règles de la *contribution* du légataire et des réservataires entre eux. Voy. 871 comp. à 870, 873 *in fine*.

II. Payement des autres legs par le légataire universel. Voy. 1009 *in fine* comb. avec 926 et 927.

§ 2. — *Du legs* à titre universel *ou* partiaire.

Rappel de la notion de ce legs : art. 1010.

Art. 1er. — *Droits du légataire à titre universel.*

I. Acquisition du legs.

II. Délivrance du legs : la demande en est toujours requise de la part de ce légataire : 1011 et 1009 *in fine* comb. et 770. — *Quid* de l'art. 1005?

Art. 2. — *Obligations du légataire à titre universel.*

I. *Obligations* quant au payement des dettes et charges proprement dites : 1012 et 873 comb. — De la *contribution* des légataires à titre universel et des héritiers légaux entre eux : 871 comp. à 870, 873 *in fine*.

II. Obligations quant au payement des *legs particuliers* : 1013 comb. avec 1009.

§ 3. — *Des legs particuliers.*

Rappel de la notion de cette espèce de legs : 1010 *in fine*.

I. Détermination de la chose léguée : — Règle *Falsa demonstratio non vitiat legatum*.

II. A la charge de qui sont les legs particuliers : 1009 *in fine*, 1013 et 1017 : — les héritiers légaux en sont-ils tenus *ultra vires ?*

III. Quand le legs pur et simple produit son effet : 1014, § 1.

IV. De la demande en délivrance ; sa nécessité et ses effets. Voy. 1014 § 2, 1010 et 1015.

V. Actions compétant au légataire : 1017 § 1.

VI. Livraison matérielle de l'objet légué : voy. 1247, 1018, 1019, 1302, 1042 § 2, 1245, 1147, 1382, 1190 *in pr.*, 1022 et 1190 *in fine*.

VII. Position du légataire vis-à-vis des créanciers héréditaires : 1024 et 1020 rapproché de 874.

VIII. Examen des art. 610, 611 et 612, concernant la participation des *légataires d'usufruit* au payement des dettes et charges de la succession.

Section II. — Règles communes aux diverses dispositions testamentaires.

§ 1er. — *De la désignation plus ou moins parfaite du légataire.*

Règles traditionnelles, à ce sujet, pour rechercher la volonté du testateur et corriger, s'il y a lieu, ses erreurs de désignation.

§ 2. — *Des modalités apposées aux dispositions testamentaires et de leurs effets.*

I. Du legs *à terme certain* : 1014 § 1, 1185 et 906.

II. Du legs *conditionnel* : voy. 1041 et 1042 dont les dispositions doivent être nettement distinguées : — ne pas les appliquer aux cas de conditions *résolutoires.*

III. Du legs *à terme incertain* : voy. l. 75, *ff. de condit. et demonst.* : 1041 et 1042.

IV. Du legs *avec charges* ou *sous un mode.*

§ 3. — *Garanties accordées aux légataires contre les débiteurs du legs.*

I. De la séparation des patrimoines : rappel des art. 878 et suiv., et renvoi de l'art. 2111.

II. De l'hypothèque légale consacrée, en faveur des légataires, par l'art. 1017, sur *tous les immeubles* de la succession ; voy. l. 1 Cod. *Communia de legatis.* — Comparaison sommaire avec la séparation des patrimoines : renvoi à l'art. 2111.

§ 4. — *Droits d'enregistrement et de mutation en matière testamentaire et autres frais concernant les legs.*

Courts détails sur ce point, qui est d'une grande utilité pratique. Voy. 1016 et des lois spéciales.

TROISIÈME PARTIE.

DES EXÉCUTEURS TESTAMENTAIRES.

I. Notion de cette qualité : 1031 § 4.

II. Formes de nomination : 1025.

III. Capacité : 1028, 1029 comp. à 217 et 219, 1030 comp. à 450.

IV. Droits et obligations de l'exécuteur testamentaire : 1031, §§ 1 à 4 ; — s'ils sont plusieurs, voy. 1033 *in pr.* et *in fin.* — De *la saisine* qui peut leur être donnée : 1026 et 1027. — Payement des legs et des dettes.

V. Fin de la fonction d'exécuteur testamentaire : 1032, 1031 § 4 à expliquer, 1991 *in pr.* et 2007.

VI. Compte à rendre : 1031 § *ult.* 1034, 1033, 1202 § 2.

QUATRIEME PARTIE.

DE LA RÉVOCATION DES TESTAMENTS OU DES DISPOSITIONS QU'ILS RENFERMENT ET DE LA CADUCITÉ DE CELLES-CI.

Ne pas confondre la *nullité* du testament, — sa *révocation*, — et la *caducité* des dispositions qu'il renferme.

SECTION Ire. — DE LA RÉVOCATION DES TESTAMENTS.

I. De la révocabilité des testaments en général (895) : — capacité *ad hoc*.

II. Division de la section.

§ 1er. — *Dans quels cas un testament est révoqué.*

Il faut une manifestation de volonté contraire à l'ensemble ou à une partie du testament. — Deux espèces de révocation.

Art. 1er. — *De la révocation* EXPRESSE.

I. De quoi elle résulte.

II. Ses formes, 1035.

1° Observations spéciales à la révocation par la *clause révocatoire*, insérée dans un testament postérieur : 1035 ; — add. 1037.

2° Observations sur la révocation par acte notarié : 1035. Voy. l. 25 vent. an XI et du 21 juin 1843.

Art. 2. — *De la révocation* TACITE.

I. De quoi elle résulte : 1036 et 1038.

1° Observations sur la révocation par l'incompatibilité des dispositions entre deux testaments : 1036 et 1037.

2° Observations sur la révocation par l'aliénation de l'objet légué : 1038.

II. La limitation des causes de révocation tacite est-elle tellement absolue que cette révocation ne puisse point résulter de circonstances *matérielles* attaquant le testament dans son existence comme *acte écrit ?*

§ 2. — *Effets de la révocation.*

I. Par rapport aux dispositions de biens contenues au testament.

II. Par rapport aux déclarations, aveux, reconnaissances qu'il renfermait.

SECTION II. — DE LA CADUCITÉ DES LEGS.

§ 1er. — *Causes de caducité.*

Triple cause d'où peut provenir la caducité d'un legs.

Art. 1er. — *Caducité prononcée par la loi.*

I. Voy. 1043 et 1039.
II. Voy. 1040 et 1041.
III. Voy. 1042 comb. avec 1302.

Art. 2. — *Caducité provenant de la volonté directe du légataire.*

Voy. 1043 comb. avec 784 Cod. civ., et 997 Proc.

Art. 3. — *Caducité provenant de la déchéance du légataire, prononcée par jugement ou en étant la suite.*

I. En cas d'inexécution des charges et conditions imposées au légataire : voy. 1046 et 954 comb.

II. En cas d'ingratitude du légataire : voy. 1046, 955, §§ 1 et 2, 1047.

Quid des effets, sous ce rapport, d'un jugement de séparation de corps obtenu, de son vivant, par le testateur contre le légataire ?

III. *Quid* de la survenance d'enfants au testateur postérieurement au testament?

§ 2. — *Effets de la caducité.*

I. Que devient, en général, le legs caduc?

II. Cas spécial de caducité du legs *conjoint*? — Théorie du droit d'*accroissement* entre co-légataires : explication des art. 1044 et 1045.

1° Quand le legs est censé fait *conjointement* : 1044, § 2, et 1045 comparé aux règles admises, en dernier lieu, par le Droit romain. Voy. § 8 Inst. *de legatis* : — La volonté du testateur doit surtout l'emporter.

2° L'accroissement est-il volontaire ou forcé pour les légataires qui acceptent leur part personnelle du legs?

3° Les charges de la part dont l'accroissement est accepté, la suivent-elles sur la tête de celui qui l'accepte?

4° De l'accroissement entre co-légataires d'usufruit. Voy. *ff*. VII — 2, *de usufr. accresc.*

CHAPITRE VI.

Des substitutions fidéicommissaires qui sont exceptionnellement permises.

Motifs spéciaux de ces exceptions à la règle de l'art. 896 : — La loi du 17 mai 1826, qui avait modifié le Code civil sur ce point, a été abrogée par celle du 7 mai 1849, et le Code civil a été remis en vigueur sur ce point.

SECTION Ire. — QUELLES SUBSTITUTIONS FIDÉICOMMISSAIRES SONT AUTORISÉES.

I. Sur quels biens : 1048.

II. Par quels actes et sous quelles formes de dispositions : 1048, 1049.

III. Quels donataires ou légataires peuvent être chargés de conserver et de rendre? 1048, 1049.

IV. En faveur de qui peuvent-ils être ainsi grevés? 1043, 1049, 1050.

V. Examen spécial de l'art. 1052.

VI. En quoi la loi de 1826 avait-elle modifié le Code à cet égard ?

SECTION II. — QUEL EST LE RÉGIME DES SUBSTITUTIONS EXCEPTIONNELLEMENT PERMISES.

Trois points à étudier, à ce sujet : comparer l'ord. d'août 1747, *sur les substitutions.*

§ 1er. — *Quelle est la position respective du grevé et des appelés avant l'ouverture de la substitution et quelles sont les conséquences qui en dérivent.*

Aperçus généraux sur la matière de ce § : — Division.

Art. 1er. — *Droits du grevé comme propriétaire intérimaire.*

Art. 2. — *Conciliation de ces droits du grevé, avec l'éventualité de ceux des appelés et avec la sécurité des tiers.*

I. Établissement d'un *tuteur* (ou *curateur*) *à la substitution* : voy. 1055, 1056, 1057 : — caractère de cette tutelle ; — aperçus des obligations du tuteur.

II. Constatation des biens rentrant dans la substitution : 1058 à 1061.

III. Vente du mobilier : 1062 à 1064, arg. 1067 *in fine.*

IV. Emploi des deniers compris dans la substitution : 1065 à 1068. Loi du 2 juillet 1862, art. 46.

V. Mesures conservatoires à prendre par les appelés.

VI. Publicité à donner à la substitution par la *transcription* de l'acte qui la constate. Voy. 1070 à 1074 et l. du 23 mars 1855, art. 11 *in fine.*

§ 2. — *De l'ouverture de la substitution.*

Art. 1er. — *Circonstances dans lesquelles le droit des appelés est ouvert.*

Voy. 1053, 1057 complétés par l'indication de divers cas d'ouverture de la substitution résultant des principes généraux du droit.

Art. 2. — *Conditions auxquelles les appelés peuvent profiter de leur droit.*

Ces conditions regardent, soit la capacité des appelés, — soit l'état de la chose substituée ; — soit l'absence de révocation de la disposition : en l'absence de ces conditions, qu'arrive-t-il ?

Art. 3. — *Effets de l'ouverture de la substitution.*

I. Effets ordinaires :

1° Confirmation définitive du droit des appelés ;

2° Résolution des concessions faites à des tiers par le grevé. Voy. cep. 1054 et quelques précisions à faire ;

3° Demandes et recours respectifs des appelés au grevé et réciproquement.

II. Effets spéciaux de l'ouverture par *abandon anticipé*, ou par *déchéance* du grevé pour défaut de nomination d'un tuteur.

III. Comparaison entre la situation d'un grevé de substitution et celle d'un *simple usufruitier*.

CHAPITRE VII.

Des partages faits par les père, mère et autres ascendants entre leurs descendants.

APERÇUS PRÉLIMINAIRES.

I. De quels actes il s'agit ici ; — motifs qui les amènent ; — portée diverse qu'ils peuvent avoir.

II. Coup d'œil historique sur l'ancien droit français, en *pays coutumiers* et en pays *de droit écrit*.

III. Nature juridique des partages d'ascendants et principes généraux qui dominent la matière.

IV. Division du chapitre.

SECTION Ire. — QUELLES PERSONNES L'ASCENDANT DOIT COMPRENDRE DANS SON PARTAGE.

I. Explication de l'art. 1078.

II. Sanction de cette disposition ; — de la prescription en

cette matière ; — délai, 1304 et 2262 selon les cas ; — quel est le point de départ de ce délai.

Section II. — dans quelles formes l'ascendant peut et doit faire le partage.

I. Interprétation de l'art. 1076 § 1 comb. avec 932, 943 à 946, 948, 939, 968, 970 et suiv.

II. Sanction des règles précédentes ; — de la prescription en cette matière.

Section III. — des biens que l'ascendant peut comprendre dans le partage.

I. La liberté de l'ascendant à cet égard est la règle : arg. 1075.

II. Mais la *forme* du partage influe sous ce rapport : 1076 § 2, 943.

III. L'ascendant peut-il restreindre le partage à une partie seulement de ses biens ? 1077 comp. à 887.

Section IV. — comment l'ascendant doit opérer sa répartition ou distribution.

I. L'ascendant agit différemment selon qu'il entend ou non opérer à la fois sur la *réserve* des enfants et sur la *quote disponible* : voy. arg. 1079.

II. Formation des lots : est-il nécessaire que l'ascendant les fasse lui-même ?

III. Comment ces lots doivent être composés : arg. 826, 832 et 827.

IV. Observations sur la valeur respective des lots et les conséquences de leur inégalité.

1° Cas où l'ascendant a partagé ses biens sans distinguer la réserve et la quote disponible ; — quelle lésion, au préjudice de l'un des copartageants, peut autoriser la rescision du partage ? 1079 § 1.

2° Cas où l'ascendant n'a partagé que la réserve et a disposé de la quote *en faveur d'un autre que l'un des co-partagés* : voy. encore 1079 § 1.

1° et 2° *bis*. Règles de l'action en rescision pour lésion à intenter dans ces deux cas ; de la prescription et de son point de départ. — Application de l'art. 891.

3° Cas où l'ascendant disposant ou ayant déjà disposé de la quote disponible *en faveur de l'un de ses co-partagés*, distribue seulement la réserve : voy. 1079 § 2, dont la disposition mérite attention.

4° Mention de l'art. 1080.

SECTION V. — DES EFFETS DU PARTAGE D'ASCENDANTS RÉGULIÈREMENT OPÉRÉ.

Observation générale sur l'art. 1076, à cet égard.

§ 1er. — *Droits conférés par le disposant aux co-partagés.*

I. En cas de partage entre-vifs.

II. En cas de partage par testament.

III. Y a-t-il lieu au *rapport réel* ou *fictif* des biens reçus entre-vifs, lorsque l'ascendant vient à mourir?

§ 2. — *Obligations des co-partagés par rapport aux dettes de l'ascendant.*

Situation diverse des co-partagés selon la forme et les clauses du partage, et la nature ou la date des dettes de l'ascendant.

§ 3. — *Relations respectives des co-partagés.*

Voy. 883, 884, 870 et 871, 2103 et 2109. — Renvoi.

APPENDICE AU CHAPITRE VII.

Observations sur les partages faits par un autre qu'un ascendant entre ses héritiers collatéraux, ou même entre des étrangers auxquels il laisse son patrimoine.

CHAPITRE VIII.

Des donations faites par contrat de mariage aux futurs époux et aux enfants à naître du mariage *(par des parents ou par des étrangers).*

APERÇUS PRÉLIMINAIRES.

I. Caractère exceptionnel des règles de ce chapitre : 947.

II. Circonstances dans lesquelles une donation doit être faite pour y être soumise.

III. Division du chapitre.

PREMIÈRE PARTIE.

RÈGLES COMMUNES A TOUTES LES DONATIONS FAITES PAR CONTRAT DE MARIAGE ET EN FAVEUR DU MARIAGE.

Sans parler de l'art. 952 *in fin.* déjà vu, on peut noter huit règles exceptionnelles qui sont applicables à toutes ces donations : elles sont relatives aux points suivants :

1° La révocation pour ingratitude, 959.
2° L'acceptation expresse, 1087.
3° La condition implicite de la célébration du mariage, 1088.
4° Les droits d'enregistrement : l. 22 frimaire an VII, art. 69, etc.
5° La forme de l'acte notarié : l. 25 vent. an XI comp. à l. du 21 juin 1843.
6° L'exercice de l'action Paulienne : 1167.
7° La garantie : arg. 1440, 1547.
8° Les intérêts de la dot promise : arg. 1440, 1548.

DEUXIÈME PARTIE.

RÈGLES SPÉCIALES A CHAQUE VARIÉTÉ DES DONATIONS PAR CONTRAT DE MARIAGE.

SECTION Ire. — DONATION DE BIENS PRÉSENTS.

Commentaire de l'art. 1081. Voy. cep. 1086 *infrà.*

Section II. — Donation de tout ou partie des biens que le disposant laissera a son décès, ou *institution contractuelle*.

Notion de cette variété de donations ; — coup d'œil historique.

I. Par qui peut être faite une institution contractuelle : 1082 *in pr.* comb. avec les règles de *capacité* pour donner entre vifs.

II. En faveur de qui une telle donation peut être faite : 1082 § 1 *in fin.* : rôle des *enfants à naître* du donataire : 1082 §§ 1 et 2 comb. avec 906 1° et 898.

III. Effets juridiques de l'institution contractuelle.

1° Effets de l'institution du vivant du donateur : voy. 1083, 1130, 1600.

2° Qu'arrive-t-il si le donateur survit au donataire et aux enfants issus du mariage en faveur duquel la donation a été faite ? 1089.

3° Effets de l'institution à la mort du disposant : droits et obligations de l'institué.

IV. Faut-il appliquer à l'institution contractuelle les articles 939, 948 et 923 ou 926 ?

Appendice a la section II.

Des promesses d'égalité.

Notion de cette espèce de clauses matrimoniales ; — coup d'œil historique ; — effets juridiques.

Section III. — De la donation *cumulative* de biens présents et a venir.

Bien préciser l'hypothèse prévue dans cette section.

I. Quels sont le but et le vrai caractère de cette variété de donations, comparée à l'institution contractuelle ? 1084.

II. Qui peut faire une telle donation?

III. En faveur de qui peut-elle être faite ? arg. 1082, 1089, arg. *à contrar.* de 1093.

IV. Formalité spéciale d'un *état des dettes* à laquelle cette donation est sujette : 1084 *in fin.* — *Quid* des art. 959 et 948?

V. Effets détaillés de la donation cumulative.

Il faut les étudier : 1° tant que vit le donateur ; 2° en cas que le donateur survive, 1089 ; 3° à la mort de ce dernier : 1084 comb., selon le parti pris par le donataire avec 894 ou 1083. Voy. le cas spécial prévu par l'art. 1085.

VI. Appliquez, en cas de réduction, l'art. 923.

APPENDICE AUX SECTIONS II ET III.

Des donations de biens à venir seulement.

Arg. 1082, 1084 et 1085 : caractère de ces donations.

SECTION IV. — DONATIONS FAITES SOUS DES MODALITÉS QUI NE SONT PAS AUTORISÉES PAR LE DROIT COMMUN.

I. Ces donations font exception à la règle, *donner et retenir ne vaut* : 947 comb. avec 943 à 946 et 1086 : quelle est l'utilité de ces donations?

II. A quelles donations ces modalités peuvent-elles être apposées ? *concil.* 1081 et 1086.

III. Par qui peuvent-elles être faites ? 1086 *in med.*

IV. En faveur de qui ? 1086 *in pr.*

V. Détails spéciaux aux diverses modalités.

1° Conditions *simplement potestatives* de la part du donateur.

2° Réserve de la faculté de disposer d'un effet compris dans la donation de biens présents ou d'une somme à prendre sur ces biens.

VI. *Quid* de l'application des art. 939, 948, 923 à 926 ?

APPENDICE AU CHAPITRE VIII.

I. Des donations *en faveur du mariage* faites hors contrat de mariage. Voy. 959, 1088.

II. Des donations faites dans un contrat de mariage à d'autres que les futurs époux.

CHAPITRE IX.

DES DISPOSITIONS SOIT ENTRE FUTURS ÉPOUX, PAR CONTRAT DE MARIAGE, SOIT ENTRE ÉPOUX PENDANT LE MARIAGE.

Rappel des règles déjà vues sur *la quotité disponible* exceptionnelle entre époux : 1094, 1098, 1099 et 1100.

Division du chapitre.

SECTION Ire. — DONATIONS, ENTRE FUTURS ÉPOUX, PAR CONTRAT DE MARIAGE.

Observation générale sur le caractère de ces donations : arg. 1093 *in fine*; voy. cep. 947, 1091 et suiv.

I. De la capacité en cette matière : 1095 comp. à 903 et 904, 502, 499 et 513.

II. Des biens qui peuvent être donnés entre futurs époux.

1° Donations de *biens présens* : 1092, 939, 948.

2° Donation de *biens à venir* ou *cumulative* de biens *présens* et à *venir* : 1093 et 1089. — Des renonciations faites du vivant du donateur : voy. 791.

3° Donations avec modalités exceptionnelles : 944 à 947, comb. avec 1093 et 1089.

III. Questions diverses sur les donations entre futurs époux.

1° De la révocation pour cause d'ingratitude : l'art. 959 est-il applicable? — *Quid* de l'art. 299 en cas de séparation de corps prononcée contre le donataire?

2° *Quid* de la révocation pour inexécution des charges et conditions? 953 et 954.

3° *Quid* de la nécessité ou de la dispense d'acceptation expresse? comb. 1092 et 1093 avec 1087.

SECTION II. — DES DONATIONS ENTRE ÉPOUX DURANT LE MARIAGE.

De quelle espèce de libéralités il s'agit ici; coup d'œil historique; système du Code civil à l'égard de ces donations.

I. Quels biens peuvent être donnés entre époux : 947.

II. Caractère mixte de ces donations :

1° De leur révocabilité par la volonté du donateur : 1096 § 1 ; — *quid* des causes ordinaires de révocation des donations ?

2° Cette révocabilité transforme-t-elle ces donations en dispositions à cause de mort?

Conséquences pratiques pour les questions de *capacité* ; — pour la *forme* de la donation ; — pour les *droits du donataire* du vivant du donateur ; — pour les questions de *réduction*.

III. Modalités dont ces donations sont susceptibles : 947.

IV. Exercice du droit de révocation volontaire :

1° Capacité *ad hoc* : 1096 § 2.

2° Formes de la révocation : arg. 1035 à 1038 : loi du 21 juin 1843.

V. Les donations de biens présents entre époux sont-elles caduques par suite du prédécès du donataire? 894 et 1122 ; *quid* des donations de biens à venir ou faites sous les modalités exceptionnelles de l'art. 1086? arg. *à fort*. de 1089 et 1093 comb.

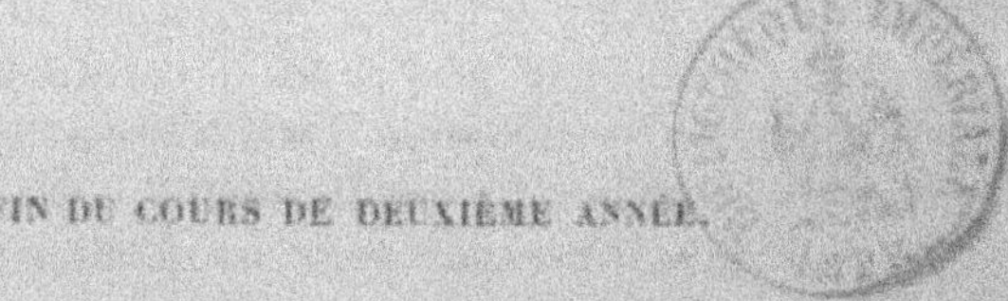

FIN DU COURS DE DEUXIÈME ANNÉE.

Toulouse. — Typ. de Bonnal et Gibrac, r. St-Rome, 44.

Toulouse, typ. de Bonnal et Gibrac, rue Saint-Rome, 44.

www.ingramcontent.com/pod-product-compliance
Ingram Content Group UK Ltd.
Pitfield, Milton Keynes, MK11 3LW, UK
UKHW021556260726
13993UKWH00002B/876